역사 속 이야기를 재미있게 배우는

김상우(현직 초등 교사, 교과서 집필 위원) 지음

최소한의

1권 초등

한국사

더블북

재미있는 역사 여행을 떠나 볼까요?

안녕하세요? 《최소한의 초등 한국사》를 펼친 여러분, 반갑습니다. 저는 역사 이야기를 좋아했습니다. 옛날 사람들의 삶과 멋진 영웅들의 이야기를 읽을 때면, 그 속에 빠져들어 시간 여행을 하는 기분이었지요. 그 즐거움을 다른 사람들과 나누고 싶어 선생님의 길을 선택했습니다.

외울 게 너무 많다고요?

하지만 선생님이 되어 보니 역사를 가르치는 일은 생각보다 쉽지 않았습니다. 아이들은 연도나 사건을 외우느라 정작 이야기를 즐기지 못했습니다. 그래서 역사를 잘 가르치는 방법을 공부하고 연구하면서, 역사 이야기를 조금 더 쉽고, 친절하고, 풍부하게 전해 주고 싶다는 생각이 들었습니다.

하루 한 꼭지씩 꾸준히 공부해 볼까요?

《최소한의 초등 한국사》는 초등학생이 꼭 알아야 할 핵심 역사 이야기를 중심으로, 쉽게 읽히는 글, 꼭 필요한 사진과 삽화, 생각을 확장하는 문제와 활동들로 구성했습니다. 무엇보다 초등학생의 수준에 맞추어 교과서의 주요 단원과 연계되도록 하였습니다. 하루에 한 꼭지씩 읽다 보면 자연스럽게 우리 역사의 흐름을 이해하고, '누가, 왜, 어떻게'라는 질문을 통해 생각하는 힘을 키울 수 있을 것입니다.

역사는 사람들의 삶과 마음을 배우는 이야기

역사는 외우는 과목이 아니라, 사람들의 삶과 마음을 배우는 이야기입니다. 《최소한의 초등 한국사》를 읽는 여러분이 이렇게 느끼면 좋겠습니다. 그리고 과거 사람들의 이야기 속에서 나를 비추어 보며 오늘을 살아갈 지혜를 얻기를 바랍니다. 《최소한의 초등 한국사》가 여러분의 즐거운 역사 여행의 든든한 길잡이가 되기를 바랍니다.

김상우 드림

2022 개정 교육과정 성취기준 완벽 반영!

한국사 지문 독해 + 국가유산 소개 + 한국사 문제 풀이 + 한국사 용어 정리

**꼭 필요한 초등 한국사 지식을
단 한 권에 모두 담은 한국사 기본 학습서!**

한국사 지문 독해

초등 사회 교과 과정을 반영하여 한국사를 쉽고 재미있게 정리했어요. 짧고 간결한 내용으로 지문을 구성하여, 스스로 읽으며 한국사 지식을 습득할 수 있어요.

국가유산 소개

유물, 유적, 무형, 유형의 국가유산을 사진과 함께 자세하게 소개했어요. 다양한 국가유산을 접하며 한국사 관련 지식을 더욱 넓힐 수 있어요.

한국사 문제 풀이

배운 내용을 확인하고, 온전히 습득할 수 있도록 문제를 구성했어요. 쉽고 재미있는 퀴즈 형식의 문제를 풀며 배운 내용을 정리할 수 있어요.

한국사 용어 정리

한국사에 많이 나오는 주요 핵심 용어를 이해할 수 있도록 뜻을 풀어 주었어요. 한국사 용어를 풍부하게 알아 배경지식을 쌓으며 한국사 실력을 키울 수 있어요.

이 책의 구성

구성 1 교과서와 만나요

초등 사회 교과를 바탕으로 구성된 한국사 지문을 읽으며
한국사 지식을 쌓아요.

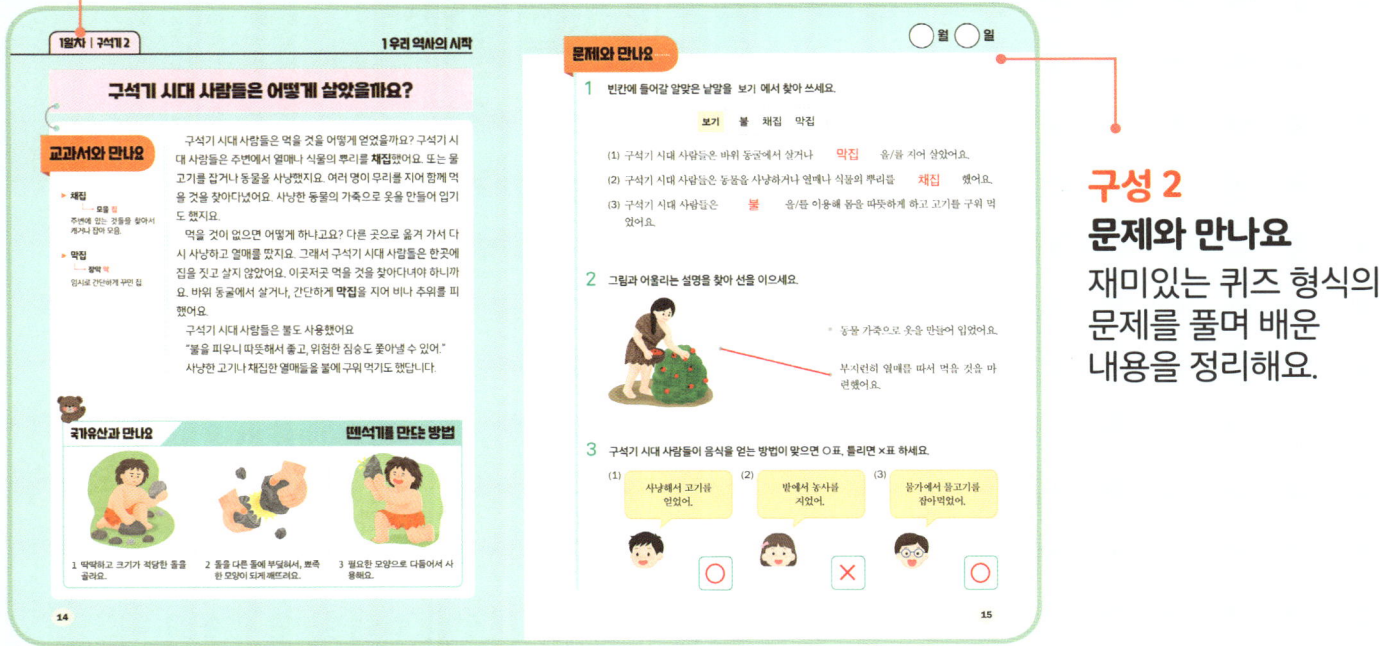

구성 2
문제와 만나요

재미있는 퀴즈 형식의
문제를 풀며 배운
내용을 정리해요.

구성 3 꼭 기억해요

단원을 마무리하며 배운 내용을 다시 한번 확인하고 기억해요.

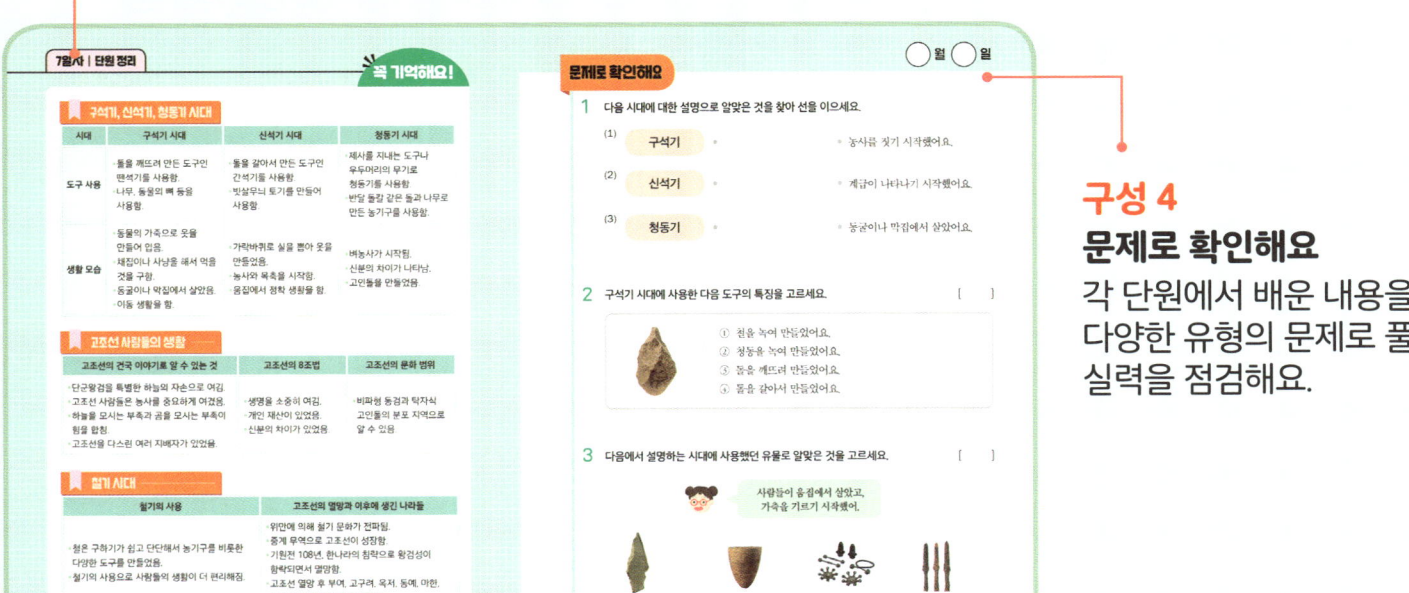

구성 4
문제로 확인해요

각 단원에서 배운 내용을
다양한 유형의 문제로 풀며
실력을 점검해요.

구성 6 퍼즐

가로세로 퍼즐, 낱말 퍼즐을 풀며 한국사 자신감을 키워요.

구성 5
쉬어가기
흥미로운 한국사
기본 상식을
소개한 글을 읽으며
한국사와 더욱
친해져요.

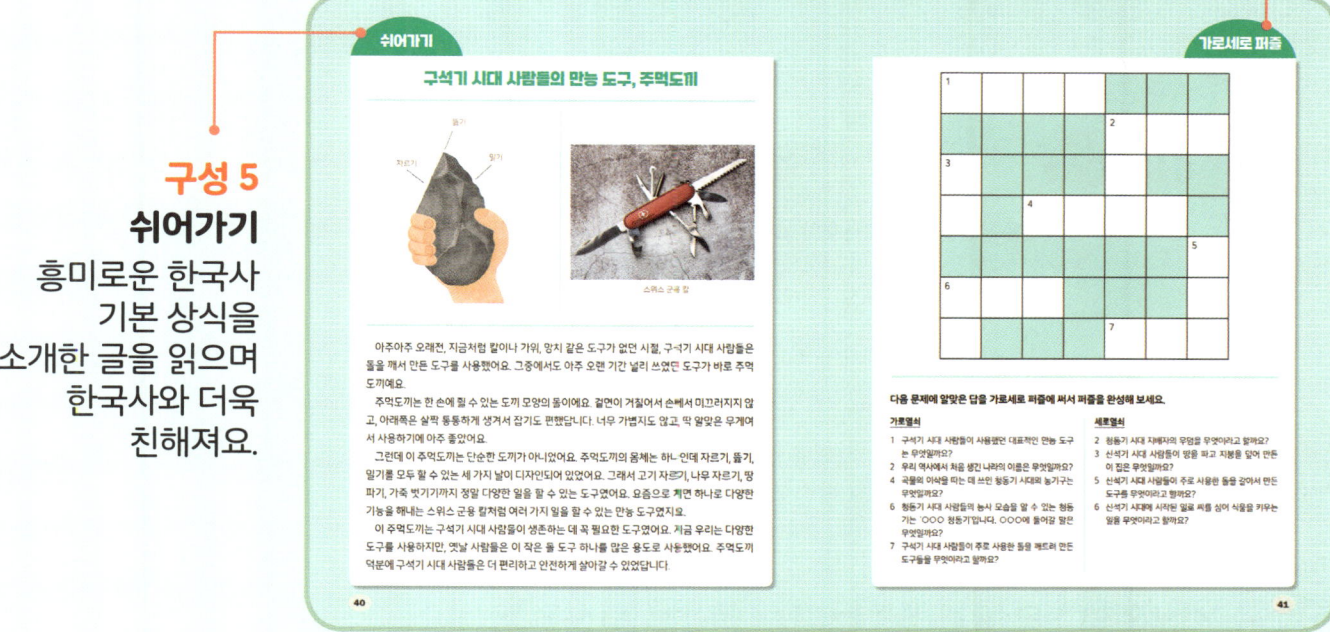

구성 7 한국사 활동지
그림, 쓰기, 완성하기 등 창의적인 활동으로
한국사 지식을 마음껏 표현해요.

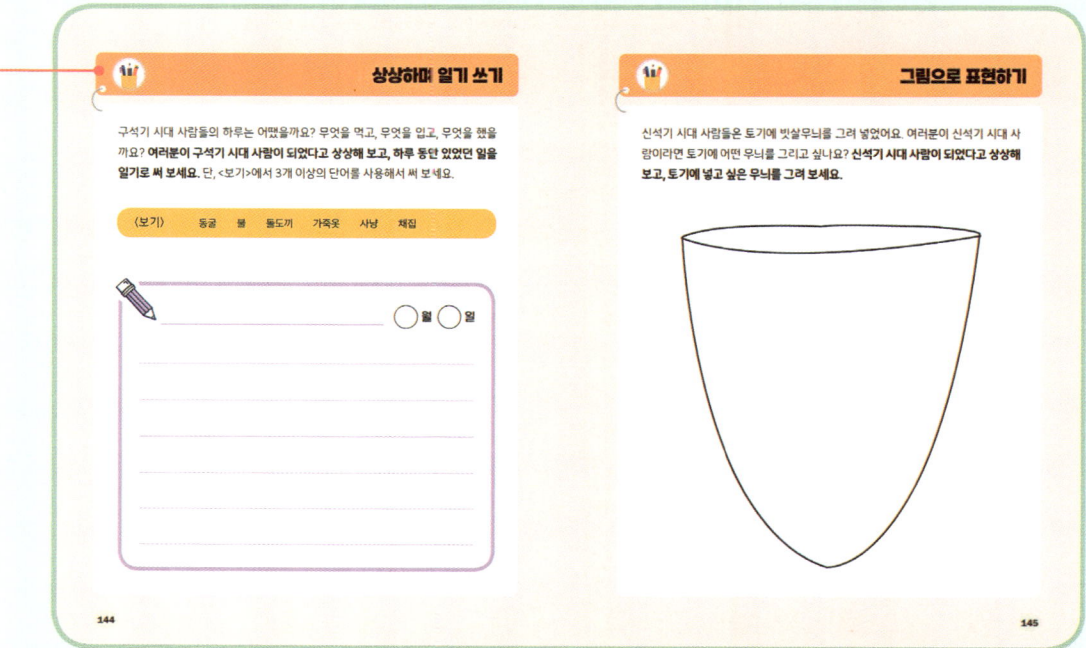

이 책의 활용

 1 하루에 4쪽씩, 25일 동안 꾸준하게 공부해요.

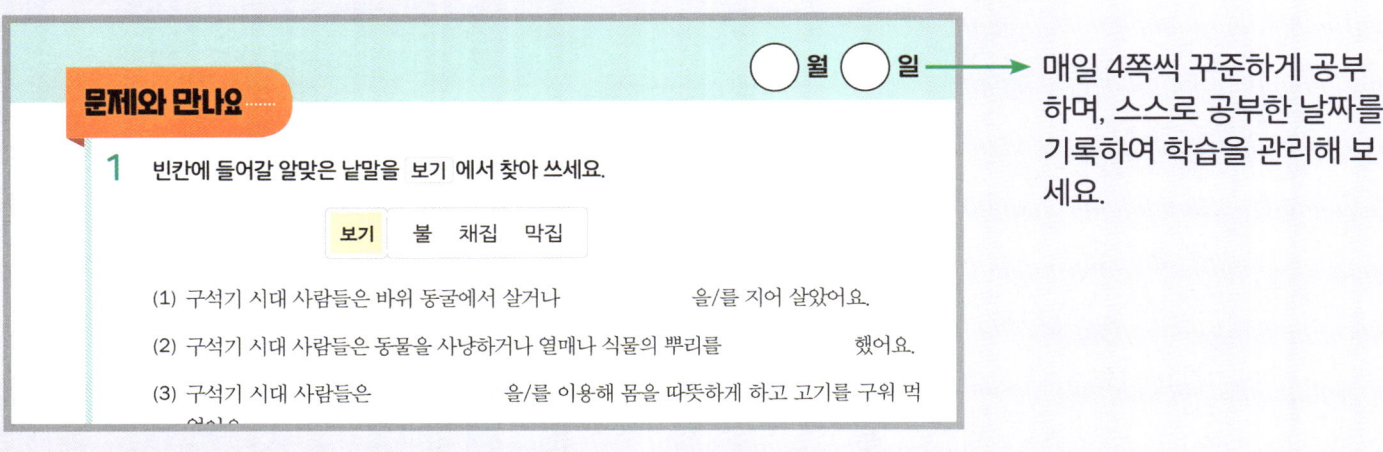

매일 4쪽씩 꾸준하게 공부하며, 스스로 공부한 날짜를 기록하여 학습을 관리해 보세요.

 **2** 지문을 읽고 용어 풀이를 보면서 한국사 지식을 쌓아요.

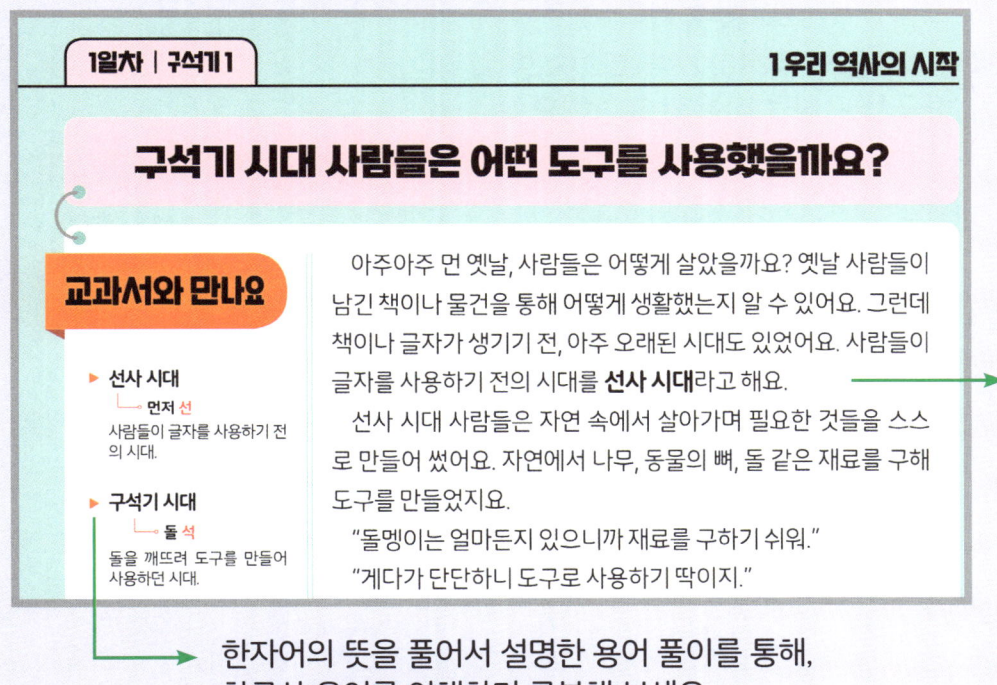

스토리텔링으로 쉽게 풀어 쓴 지문을 읽으며 한국사를 배워 보세요.

한자어의 뜻을 풀어서 설명한 용어 풀이를 통해, 한국사 용어를 이해하며 공부해 보세요.

3 주요 국가유산에 대해 자세하게 알아요.

사진과 그림, 지도를 통해
국가유산에 대한 지식을 쌓으며
한국사와 친해져 보세요.

국가유산과 만나요		다양한 뗀석기
주먹도끼	슴베찌르개	긁개
사냥하고, 땅을 파고, 동물의 가죽을 벗기는 등 다양하게 쓰인 만능 도구예요.	자루를 달아 '창'처럼 찌르는 도구로 알려져 있어요.	나무껍질이나 가죽을 다듬는 용도로 사용해요.

4 문제를 풀며 배운 내용을 확인해요.

어렵고 딱딱한 문제가 아닌
퀴즈 형식의 재미있는 문제를 풀며
잘 이해하고 있는지 확인해 보세요.

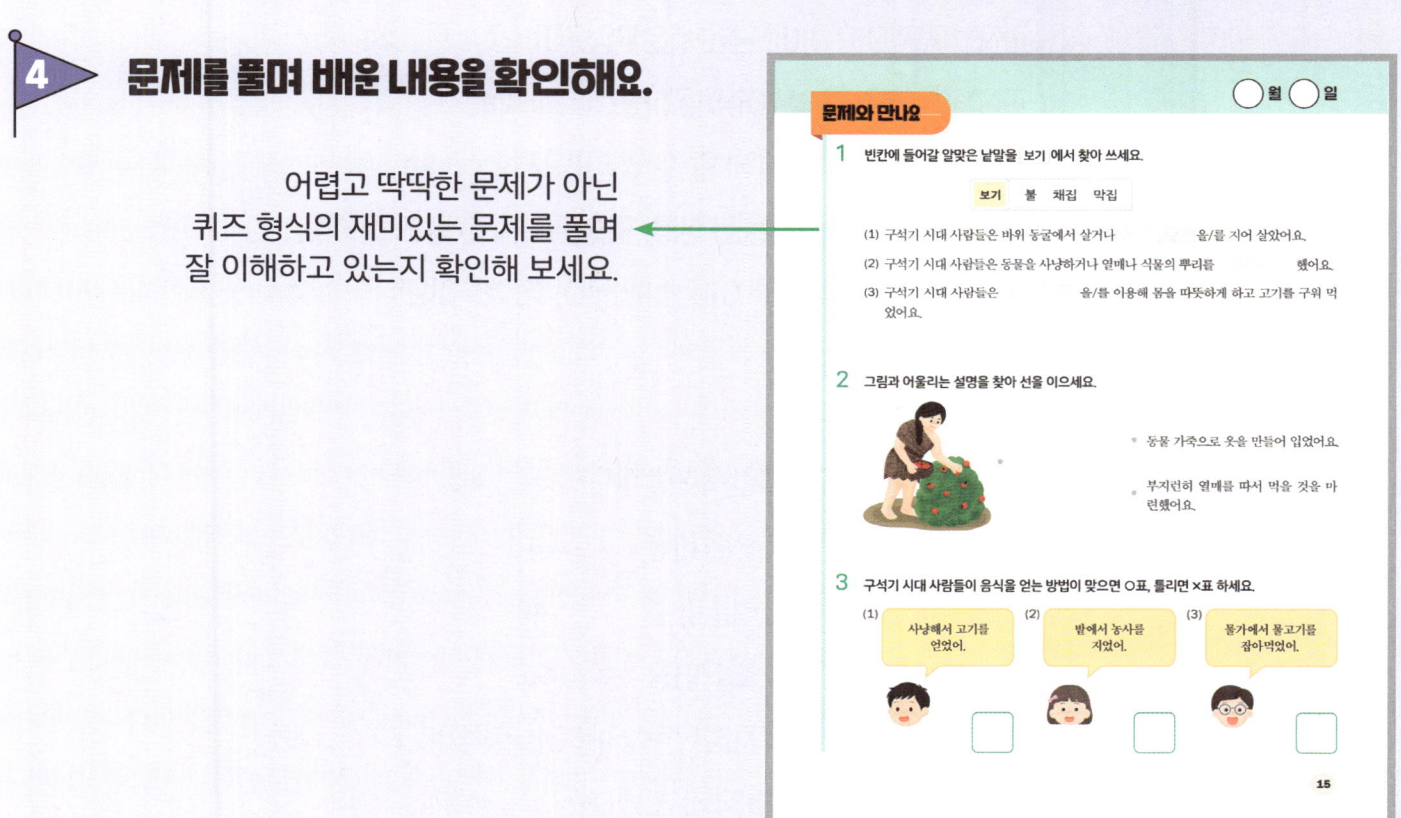

문제와 만나요 ○월 ○일

1 빈칸에 들어갈 알맞은 낱말을 보기 에서 찾아 쓰세요.

보기 불 채집 막집

(1) 구석기 시대 사람들은 바위 동굴에서 살거나 　　　을/를 지어 살았어요.

(2) 구석기 시대 사람들은 동물을 사냥하거나 열매나 식물의 뿌리를 　　　 했어요.

(3) 구석기 시대 사람들은 　　　을/를 이용해 몸을 따뜻하게 하고 고기를 구워 먹었어요.

2 그림과 어울리는 설명을 찾아 선을 이으세요.

· 동물 가죽으로 옷을 만들어 입었어요

· 부지런히 열매를 따서 먹을 것을 마련했어요.

3 구석기 시대 사람들이 음식을 얻는 방법이 맞으면 ○표, 틀리면 ×표 하세요.

(1) 사냥해서 고기를 얻었어.
(2) 밭에서 농사를 지었어.
(3) 물가에서 물고기를 잡아먹었어.

15

5 배운 내용을 다시 한번 정리해요.

단원 정리 내용을 읽으며
배운 내용을 다시 한번 확인하고
잊지 않게 외워 보세요.

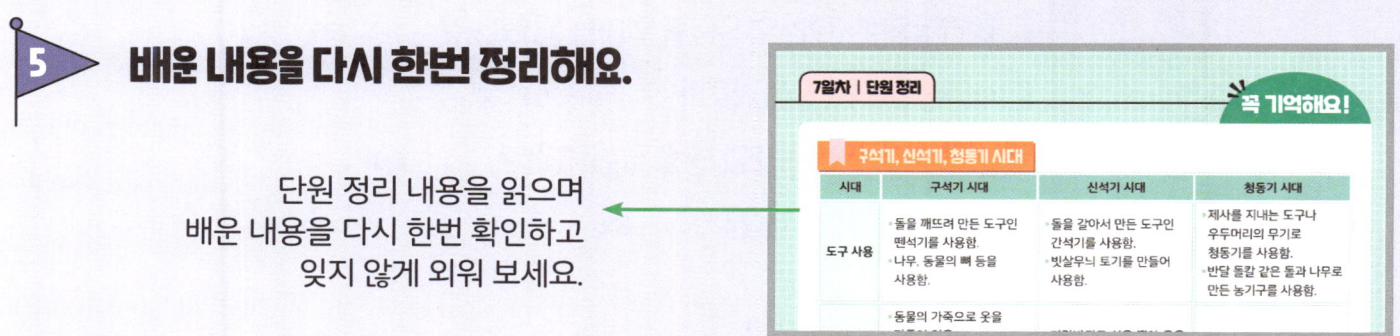

7일차 | 단원 정리 꼭 기억해요!

구석기, 신석기, 청동기 시대

시대	구석기 시대	신석기 시대	청동기 시대
도구 사용	· 돌을 깨뜨려 만든 도구인 뗀석기를 사용함. · 나무, 동물의 뼈 등을 사용함.	· 돌을 갈아서 만든 도구인 간석기를 사용함. · 빗살무늬 토기를 만들어 사용함.	· 제사를 지내는 도구나 우두머리의 무기로 청동기를 사용함. · 반달 돌칼 같은 돌과 나무로 만든 농기구를 사용함.
	· 동물의 가죽으로 옷을		

| 차례 |

1단원

우리 역사의 시작

구석기 시대 사람들은 어떤 도구를 사용했을까요?

교과서와 만나요

▶ **선사 시대**
└ 먼저 선
사람들이 글자를 사용하기 전의 시대.

▶ **구석기 시대**
└ 돌 석
돌을 깨뜨려 도구를 만들어 사용하던 시대.

아주아주 먼 옛날, 사람들은 어떻게 살았을까요? 옛날 사람들이 남긴 책이나 물건을 통해 어떻게 생활했는지 알 수 있어요. 그런데 책이나 글자가 생기기 전, 아주 오래된 시대도 있었어요. 사람들이 글자를 사용하기 전의 시대를 **선사 시대**라고 해요.

선사 시대 사람들은 자연 속에서 살아가며 필요한 것들을 스스로 만들어 썼어요. 자연에서 나무, 동물의 뼈, 돌 같은 재료를 구해 도구를 만들었지요.

"돌멩이는 얼마든지 있으니까 재료를 구하기 쉬워."

"게다가 단단하니 도구로 사용하기 딱이지."

처음에는 돌을 주워서 그대로 썼지만, 시간이 지나자 돌을 깨뜨려서 더 쓰기 좋게 만들었어요.

"돌을 쓰기 편하게 깨뜨려 써야겠어."

이렇게 돌을 깨뜨려 만든 도구를 뗀석기라고 해요. 사람들이 뗀석기를 주로 사용한 시기를 **구석기 시대**라고 불러요.

국가유산과 만나요   다양한 뗀석기

주먹도끼
사냥하고, 땅을 파고, 동물의 가죽을 벗기는 등 다양하게 쓰인 만능 도구예요.

슴베찌르개
자루를 달아 '창'처럼 찌르는 도구로 알려져 있어요.

긁개
나무껍질이나 가죽을 다듬는 용도로 사용해요.

문제와 만나요

1 빈칸에 들어갈 알맞은 낱말을 보기 에서 찾아 쓰세요.

보기 돌 자연 뗀석기

(1) 돌을 깨뜨려서 만든 도구를 _____ (이)라고 해요.

(2) 구석기 시대 사람들은 _____ 을/를 깨뜨려서 다양한 도구를 만들었어요.

(3) 구석기 시대 사람들은 _____ 에서 구할 수 있는 나무, 뼈, 돌 등으로 도구를 만들었어요.

2 그림과 어울리는 설명을 찾아 선을 이으세요.

● 슴베찌르개는 사냥할 때 사용해요.

● 주먹도끼로 땅을 파면 무척 편해요.

3 구석기 시대에 대한 설명이 맞으면 ◯표, 틀리면 ×표 하세요.

(1) 구석기 시대 사람들은 뗀석기를 사용했어.

(2) 구석기 시대 사람들은 청동으로 만든 칼을 썼어.

(3) 구석기 시대 사람들은 글자를 사용했어.

구석기 시대 사람들은 어떻게 살았을까요?

교과서와 만나요

▶ **채집**
└─ **모을** 집
주변에 있는 것들을 찾아서 캐거나 잡아 모음.

▶ **막집**
└─ **장막** 막
임시로 간단하게 꾸민 집.

구석기 시대 사람들은 먹을 것을 어떻게 얻었을까요? 구석기 시대 사람들은 주변에서 열매나 식물의 뿌리를 **채집**했어요. 또는 물고기를 잡거나 동물을 사냥했지요. 여러 명이 무리를 지어 함께 먹을 것을 찾아다녔어요. 사냥한 동물의 가죽으로 옷을 만들어 입기도 했지요.

먹을 것이 없으면 어떻게 하냐고요? 다른 곳으로 옮겨 가서 다시 사냥하고 열매를 땄지요. 그래서 구석기 시대 사람들은 한곳에 집을 짓고 살지 않았어요. 이곳저곳 먹을 것을 찾아다녀야 하니까요. 바위 동굴에서 살거나, 간단하게 **막집**을 지어 비나 추위를 피했어요.

구석기 시대 사람들은 불도 사용했어요

"불을 피우니 따뜻해서 좋고, 위험한 짐승도 쫓아낼 수 있어."

사냥한 고기나 채집한 열매들을 불에 구워 먹기도 했답니다.

국가유산과 만나요 　　　　　　　　　　　떼석기를 만드는 방법

1 딱딱하고 크기가 적당한 돌을 골라요.

2 돌을 다른 돌에 부딪혀서, 뾰족한 모양이 되게 깨뜨려요.

3 필요한 모양으로 다듬어서 사용해요.

문제와 만나요 ......

1 빈칸에 들어갈 알맞은 낱말을 보기 에서 찾아 쓰세요.

| 보기 | 불 | 채집 | 막집 |

(1) 구석기 시대 사람들은 바위 동굴에서 살거나 _____ 을/를 지어 살았어요.

(2) 구석기 시대 사람들은 동물을 사냥하거나 열매나 식물의 뿌리를 _____ 했어요.

(3) 구석기 시대 사람들은 _____ 을/를 이용해 몸을 따뜻하게 하고 고기를 구워 먹었어요.

2 그림과 어울리는 설명을 찾아 선을 이으세요.

● 동물 가죽으로 옷을 만들어 입었어요.

● 부지런히 열매를 따서 먹을 것을 마련했어요.

3 구석기 시대 사람들이 음식을 얻는 방법이 맞으면 ○표, 틀리면 ✕표 하세요.

(1) 사냥해서 고기를 얻었어.

(2) 밭에서 농사를 지었어.

(3) 물가에서 물고기를 잡아먹었어.

신석기 시대에 새롭게 등장한 도구는 무엇일까요?

교과서와 만나요

▶ **신석기 시대**
└→ **새로운 신**
돌을 갈아 도구를 만들어 사용하던 시대.

지금으로부터 1만 년 전쯤 추운 빙하기가 끝나고 날씨가 따뜻해졌어요. 산과 들에서 많은 식물이 자라났고, 작은 동물들도 많아졌어요. 물도 불어나면서 물고기와 조개도 많아졌지요. 그런데 작은 짐승이나 물고기를 사냥하려면 더욱 날카롭고 세밀한 도구가 필요했어요. 사람들은 돌을 갈아서 도구를 만들어 더 정밀한 모양을 만들었어요.

"돌을 갈아서 더 날카로운 칼을 만들 수 있어!"

"가락바퀴로 실을 뽑아서 옷을 지어 입었어."

"곡식을 갈판에 올려 갈돌로 밀어 껍질을 벗기거나 가루로 만들어 먹으니 더욱 맛있어."

이렇게 돌을 갈아서 만든 도구들을 간석기라고 해요. 또한 이러한 간석기를 도구로 사용한 시대를 신석기 시대라고 해요. **신석기 시대** 사람들은 고기잡이, 농사짓기, 요리하기 등 다양한 일에 간석기를 사용했어요.

국가유산과 만나요

다양한 간석기

갈돌과 갈판	그물추	가락바퀴
곡식을 갈아 껍질을 벗기는 데 사용한 도구예요.	그물에 묶어 그물이 물속으로 가라앉게 만드는 돌이에요.	실을 뽑는 데 사용한 도구예요.

문제와 만나요

1 빈칸에 들어갈 알맞은 낱말을 보기 에서 찾아 쓰세요.

> 보기 　 날씨　 간석기　 신석기

(1) 돌을 갈아서 만든 정교한 도구를 　　　　　　(이)라고 해요.

(2) 　　　　　　시대 사람들은 도구를 만들어 고기잡이와 농사에 사용했어요.

(3) 빙하기가 끝나고 　　　　　　이/가 따뜻해지면서 식물과 동물이 많아졌어요.

2 그림과 어울리는 설명을 찾아 선을 이으세요.

● 간석기로 농사를 지었어요.

● 실을 뽑아서 옷을 만들었어요.

3 신석기 시대에 대한 설명이 맞으면 ◯표, 틀리면 ✕표 하세요.

(1) 빙하기가 끝나자 식물과 동물이 줄어들었어.

(2) 돌을 깨뜨려 만든 도구를 간석기라고 해.

(3) 갈돌과 갈판을 사용해 곡식을 갈았어.

신석기 시대 사람들의 생활 모습은 어떻게 달라졌을까요?

교과서와 만나요

▶ **목축**
└○ 기를 **축**
가축을 기르고 키우는 것.

신석기 시대 사람들은 씨를 심으면 식물이 자라서 열매를 맺는다는 사실을 알게 됐어요. 그래서 농사를 짓기 시작했지요. 조, 피 같은 곡식을 키우며, 곡식이 다 자랄 때까지 기다리면서 한곳에 머물러 살게 되었어요. 이곳저곳 옮겨 다니지 않고, 정착 생활을 시작한 거예요.

"농사를 지으니 먹을 것을 찾아다니지 않아도 돼!"

땅을 둥글게 파고, 그 위에 나무와 풀로 지붕을 덮어 집을 지었어요. 이런 집을 '움집'이라고 해요. 강가나 바닷가 근처에 작은 마을을 만들어 함께 살았지요.

신석기 시대 사람들은 곡식을 보관하거나 요리하기 위해 흙으로 만든 그릇, 토기를 사용했어요. '빗살무늬 토기'는 아래가 뾰족해서, 강가 모래에 꽂아 쓰기 좋았어요. 또한 사냥한 짐승을 가두어 기르며 **목축**을 시작했어요.

"짐승을 기르면 새끼도 낳으니, 사냥하지 않아도 괜찮아!"

국가유산과 만나요

움집과 빗살무늬 토기

움집

땅을 둥글게 파고 나무와 풀로 지붕을 덮은 집이에요.

빗살무늬 토기

빗으로 긁은 것 같은 무늬가 있는 토기예요.

문제와 만나요

1 빈칸에 들어갈 알맞은 낱말을 보기 에서 찾아 쓰세요.

> **보기** 움집   농사   빗살무늬

(1) 신석기 시대 사람들은 씨를 심어   을/를 짓기 시작했어요.

(2) 신석기 시대 사람들은 땅을 파고 지붕을 덮어 만든   에 살았어요.

(3) 아래가 뾰족하고 빗으로 긁은 것 같은 무늬가 있는 그릇을   토기라고 해요.

2 그림과 어울리는 설명을 찾아 선을 이으세요.

● 움집에 살면 비를 피할 수 있어요.

● 토기에 음식을 요리할 수 있어요.

3 신석기 시대 사람들의 생활 모습에 대한 설명이 맞으면 ◯표, 틀리면 ✕표 하세요.

(1)
농사를 짓기 시작하면서
이곳저곳 떠돌아다녔어.

(2)
움집은 땅을 둥글게
파서 만든 집이야.

(3)
빗살무늬 토기는
바닥이 평평해.

19

청동기를 사용한 사람들은 누구였을까요?

교과서와 만나요

▶ **청동기**
  └ 그릇 **기**
  청동으로 만든 그릇이나 기구.

돌로 만든 도구를 사용하던 사람들이 청동으로 도구를 만드는 방법을 발견했어요. 청동은 구리에 주석이나 아연을 섞어 아주 뜨거운 불에 녹여 만든 금속이에요. 이렇게 **청동기**를 만들어 사용한 시대를 청동기 시대라고 불러요.

청동은 재료를 구하기 쉽지 않고 만들기도 어려워서, 마을을 이끄는 사람들만 사용할 수 있었어요. 주로 제사에서 쓰이는 거울이나 방울, 우두머리의 힘과 멋을 보여 주는 무기나 장신구를 만드는 데 청동을 사용했어요. 마을을 이끄는 사람은 청동 거울을 목에 걸고 청동 방울을 흔들며 하늘에 제사를 드렸어요. 청동으로 만든 도구가 햇빛을 받아 눈부시게 빛나면, 우두머리가 하늘의 뜻을 전하는 것처럼 보였겠지요?

청동기 시대에도 일상생활에 필요한 도구들은 여전히 돌이나 나무로 만들었어요.

국가유산과 만나요

다양한 청동기

청동 거울

청동으로 만든 거울로 우두머리가 제사를 지낼 때 사용했어요.

청동 방울

청동으로 만든 방울로, 흔들면 맑은 소리가 나요. 주로 제사를 지낼 때 사용했어요.

반달 돌칼

곡물의 이삭을 따는 데 쓰는 돌로 만든 대표적인 농기구예요.

문제와 만나요······

1 빈칸에 들어갈 알맞은 낱말을 보기 에서 찾아 쓰세요.

보기	청동기	하늘	제사

(1) 마을의 우두머리는 청동 방울을 흔들며 　　　　　　　 을/를 지냈어요.

(2) 구리에 주석이나 아연을 섞은 금속으로 만든 도구를 　　　　　　　 (이)라고 해요.

(3) 사람들은 반짝이는 청동기를 보며, 우두머리가 　　　　　　　 의 뜻을 전하는 사람이라
고 생각했어요.

2 다음에서 설명하는 도구 이름을 쓰세요.

청동기 시대 사람들이 사용한 돌로 만든 도구로 곡물
의 이삭을 따는 데 쓰였어요.

3 청동기 시대에 사용한 도구에 대한 설명이 맞으면 ◯표, 틀리면 ✕표 하세요.

(1) 청동기는 누구나
사용할 수 있었어.

(2) 청동은 만들기 쉬웠어.

(3) 청동기 시대 사람들은
모든 도구를 청동으로
만들었어.

청동기 시대의 사회 모습은 어떻게 달라졌을까요?

교과서와 만나요

▶ **신분**
└─ 몸 **신**
사람의 사회적 위치나 계급.

청동기 시대에는 농사 기술이 더 발전했어요. 농사를 지어서 얻는 곡식의 양이 많아졌지요. 어느 지역에서는 벼농사도 시작되었어요. 곡식이 많아지자, 충분히 먹은 뒤에 남기도 했어요.

그렇다면 남는 곡식은 누가 얼마나 가져야 할까요? 결국 남는 곡식을 놓고 싸우는 일이 생겼어요. 또한 마을마다 가진 것이 달라지면서, 잘사는 마을과 못사는 마을도 생겼어요. 이러한 과정에서 힘이 세고 부자인 사람이 마을을 이끄는 우두머리, 즉 지배자가 되었어요.

"내가 우리 마을의 곡식을 지킬게! 그러니 내 말대로 해!"

청동기 시대에는 마을이 점점 커지고 복잡해지면서, 지배자와 일반 사람들 사이에 신분이 달라지게 되었어요. **신분** 차이가 생긴 거예요. 사람들은 지배자를 위해 아주 큰 무덤을 만들었는데, 수백 명이 함께 힘을 모아야 만들 수 있을 만큼 컸어요. 그 무덤을 보며, 지배자가 얼마나 높은 신분이었는지 알 수 있지요.

국가유산과 만나요   고인돌을 만드는 방법

1 구덩이를 파고 받침돌을 세워요.

2 받침돌 주변에 흙을 쌓아 언덕을 만들어요.

3 덮개돌을 받침돌 위에 올려요.

4 받침돌 주변의 흙을 치우고 시신을 묻어요.

문제와 만나요……

1 빈칸에 들어갈 알맞은 낱말을 보기 에서 찾아 쓰세요.

> 보기   벼농사   지버자   고인돌

(1)   은/는 주로 지배자의 무덤이에요.

(2) 청동기 시대에는 마을을 다스리는   이/가 있었어요.

(3) 청동기 시대에는 농업이 발달하면서 일부 지역에서   이/가 시작되었어요.

2 그림과 어울리는 설명을 찾아 선을 이으세요.

● 영차 영차! 함께 큰 무덤을 만들었어요.

● 곡식이 많이 남으면 잘사는 마을이 되었어요.

3 청동기 시대 사람들의 생활 모습에 대한 설명이 맞으면 ◯표, 틀리면 ✕표 하세요.

(1) 농사를 짓지 않고 모두 사냥만 했어.

(2) 남은 곡식을 놓고 싸우기도 했어.

(3) 지배자와 일반 사람들 사이에 신분 차이가 생겼어.

단군 이야기는 어떤 내용일까요?

교과서와 만나요

▶ 고조선
└ 옛 고
'옛 조선'이라는 의미로 단군
왕검이 세운 조선을 뜻함.

고조선은 청동기 문화를 바탕으로 우리 역사에 처음 생긴 나라예요. 《삼국유사》라는 책에 고조선의 건국 이야기가 적혀 있어요.

옛날, 하늘에 환인이라는 신이 있었어요. 환인의 아들인 환웅은 인간 세상을 다스리고 싶어 했지요. 그래서 비, 구름, 바람을 다스리는 신하들과 함께 3천 명을 이끌고 태백산에 내려왔답니다.

어느 날, 곰과 호랑이가 환웅을 찾아와 사람이 되고 싶다고 말했어요. 환웅은 쑥과 마늘을 주면서 말했어요.

"이것을 먹으면서 100일 동안 햇빛을 쬐지 않으면 사람이 된다."

호랑이는 도중에 포기하고 도망쳤지만, 곰은 21일 동안 잘 참아 내어 여자가 되었어요. 여자가 된 곰을 웅녀라고 불렀지요. 환웅은 웅녀와 결혼해서 아들을 낳았어요. 그 아이가 바로 단군왕검이에요. 단군왕검은 자라서 아사달에 도읍을 정하고 '조선'이라는 나라를 세웠어요. 그곳에서 1500년 동안 나라를 평화롭게 다스렸어요.

인물과 만나요

단군왕검과 개천절

'개천'이라는 말은 '하늘이 열렸다'라는 뜻으로, 하늘의 신 환웅이 인간 세상에 내려온 날을 말해요. 10월 3일을 개천절로 정해, 우리 민족의 시작을 기리고 있어요. 환웅이 인간 세상에 내려온 뒤, 단군왕검이 고조선을 세운 일을 기념하고 있답니다.

문제와 만나요……

1 빈칸에 들어갈 알맞은 낱말을 보기 에서 찾아 쓰세요.

보기 | 환웅   곰   단군왕검

(1) _____ 은/는 고조선을 세웠어요.

(2) 단군 이야기에서 _____ 은/는 쑥과 마늘을 먹고 사람이 됐어요.

(3) _____ 은/는 하늘에서 내려와 인간 세상을 다스리고 싶어 했어요.

2 다음 고조선의 건국 이야기를 일이 일어난 순서에 맞게 기호를 쓰세요.

㉠ 곰이 쑥과 마늘을 먹고 여자가 되었어요.
㉡ 곰과 호랑이가 사람이 되고 싶다며 환웅에게 빌었어요.
㉢ 하늘의 신 환웅이 3천 명을 이끌고 땅으로 내려왔어요.
㉣ 웅녀와 환웅 사이에서 태어난 단군왕검이 고조선을 세웠어요.

☐ → ☐ → ☐ → ☐

3 고조선의 건국 이야기에 대한 설명이 맞으면 ○표, 틀리면 ×표 하세요.

(1) 호랑이는 100일 동안 쑥과 마늘을 먹고 사람이 됐어.

☐

(2) 단군왕검은 아사달에 도읍을 정하고 나라를 세웠어.

☐

(3) 《삼국유사》에 고조선의 건국 이야기가 전해져.

☐

고조선 건국 이야기에 담긴 뜻은 무엇일까요?

교과서와 만나요

▶ **부족**
└─ 민족 **족**
같은 문화를 가진 사람들이 함께 모여 살아가는 무리.

고조선의 건국 이야기를 모두 사실로 믿어야 할까요? 곰이 여자가 될 수 있을까요? 단군 이야기에 담긴 고조선 사람들의 생각과 바람을 이해해 볼까요?

첫째, 환웅이 하늘에서 내려왔다는 이야기를 통해 무엇을 알 수 있을까요? 단군왕검을 하늘의 자손으로 특별하게 보이고 싶었다는 것을 알 수 있어요. 둘째, 환웅이 비, 구름, 바람을 다스리는 신하들과 함께 왔다는 이야기는 무엇을 의미할까요? 고조선 사람들이 농사를 중요하게 여겼다는 사실을 보여 줘요. 셋째, 환웅과 웅녀의 결혼은 하늘을 섬기는 **부족**과 곰을 섬기는 부족이 힘을 합쳐 나라를 세웠다는 뜻이에요. 넷째, 단군왕검의 이름에는 무슨 뜻이 있을까요? '단군'은 제사를 지내는 제사장, '왕검'은 나라를 다스리는 임금을 뜻해요. 또한 1500년 동안 나라를 다스렸던 여러 지배자를 함께 말한 것일 수 있어요.

단군 이야기는 우리가 단군의 후손이라는 자부심을 느끼며, 어려움 속에서도 함께 이겨 낼 수 있는 용기를 준답니다.

국가유산과 만나요   참성단

참성단은 강화도의 마니산에 있는 제단이에요. 단군이 하늘에 제사를 드리기 위해 위해 쌓았다고 전해져요.

문제와 만나요......

1 빈칸에 들어갈 알맞은 낱말을 [보기]에서 찾아 쓰세요.

보기	제사장	농사	후손

(1) 고조선 사람들은 _____ 을/를 중요하게 여겼어요.

(2) '단군'은 하늘에 제사를 지내는 _____ 을/를 뜻해요.

(3) 단군 이야기는 우리가 단군의 _____ (이)라는 자부심을 느끼게 해 줘요.

2 다음 고조선의 건국 이야기에 담긴 뜻을 찾아 선을 이으세요.

단군왕검이 1500년 동안
나라를 다스렸어요.

● 단군왕검은 특별한 하늘의 자손이에요.

● 고조선을 다스렸던 여러 지배자들이 있었어요.

3 고조선의 건국 이야기에 담긴 뜻에 대한 설명이 맞으면 ○표, 틀리면 ×표 하세요.

(1) 곰이 여자가 되었다는 이야기는 진짜 사실이기 때문에 꼭 믿어야 해.

(2) 단군 이야기는 우리나라 사람들에게 용기를 주었어.

(3) '왕검'은 농사를 짓는 사람을 뜻해.

고조선 사회의 모습은 어땠을까요?

교과서와 만나요

▶ **노비**
└─○ 사내종 **노**
　　계집종 **비**

옛날에 주인을 위해 자유 없이 일하던 남자와 여자 종을 함께 이르는 말.

우리 역사에서 가장 처음 생긴 나라, 고조선에는 법이 있었어요. 여덟 가지가 있어서 '8조법'이라고 했지요. 고조선 사람들은 법을 통해 질서를 지키며, 함께 사는 사회를 만들려고 노력했어요. 그중에서 세 가지가 전해지고 있는데, 이를 통해 고조선 사람들의 생활과 사회 모습을 알 수 있어요. 어떤 법인지 한번 알아볼까요?

"첫째, 사람을 죽인 자는 사형에 처한다."

이 법을 통해 고조선은 생명을 소중히 여기고, 큰 죄를 지은 사람은 엄하게 벌하는 나라라는 사실을 알 수 있어요.

"둘째, 남에게 상처를 입힌 자는 곡식으로 갚는다."

이 법을 통해 고조선은 농사가 중요한 사회였고, 개인이 곡식과 같은 재산을 가질 수 있는 나라였다는 사실을 알 수 있어요.

"셋째, 도둑질한 사람은 노비로 삼는데, 죄를 면하려면 50만 전을 내야 한다."

이 법을 통해 고조선에는 **노비** 제도가 있었고, 개인의 재산을 지키려는 법이 있었다는 사실을 알 수 있어요.

국가유산과 만나요　　　　　　　농경문 청동기

사람들이 농사짓는 모습이 새겨진 청동기예요. 사람이 땅을 갈거나, 수확한 곡식을 그릇에 담는 모습이 새겨져 있어요. 이를 통해 고조선 사람들이 어떻게 농사를 지었는지 알 수 있어요.

문제와 만나요······

1 빈칸에 들어갈 알맞은 낱말을 보기에서 찾아 쓰세요.

| 보기 | 법 세 사회 |

(1) 고조선의 8조법 중에서   가지가 전해져요.

(2) 고조선 사람들은   을/를 통해 질서를 지켰어요.

(3) 고조선의 8조법을 통해 고조선의   모습을 알 수 있어요.

2 고조선의 8조법을 통해 알 수 있는 사실을 찾아 선을 이으세요.

(1) 사람을 죽인 자는 사형에 처한다. •   • 생명을 소중히 여겼고, 큰 죄를 지은 사람은 엄하게 벌했어요.

(2) 남에게 상처를 입힌 자는 곡식으로 갚는다. •   • 노비 제도가 있었고, 개인의 재산을 지키려는 법이 있었어요.

(3) 도둑질한 사람은 노비로 삼는데, 죄를 면하려면 50만 전을 내야 한다. •   • 농사가 중요한 사회였고, 개인이 곡식과 같은 재산을 가질 수 있었어요.

3 농경문 청동기에 대한 설명으로 옳은 것을 고르세요.   [   ]

① 금으로 만든 장식품이에요.

② 철기 시대에 만들어진 무기 중 하나예요.

③ 사람이 땅을 가는 모습이 새겨져 있어요.

④ 바다에서 고기 잡는 모습이 그려져 있어요.

고조선의 영역을 어떻게 알 수 있을까요?

교과서와 만나요

▶ **유물**
> └─ 남길 **유**
>
> 옛날 사람들이 남겨 놓은 물건.

▶ **유적**
> └─ 자취 **적**
>
> 옛날 사람들이 살았던 자리나 그 흔적.

　오랜 시간이 흐르면서 고조선에 대한 기록이 많이 없어졌어요. 그래서 고조선이 어느 지역에 있었는지 정확히 알기는 어려워요. 하지만 고조선 사람들이 남긴 **유물**과 **유적**을 살펴보면, 고조선 문화가 어느 지역까지 퍼졌는지 짐작해 볼 수 있답니다.

　고조선의 대표적인 유물로는 비파형 동검이 있어요. 칼의 몸체 모양이 악기 '비파'처럼 생겨서 비파형 동검이라는 이름이 붙었어요. 비파형 동검은 칼의 손잡이를 따로 만들어 끼웠는데, 이는 중국의 칼과는 다른 고조선 사람들만의 특별한 기술이었어요. 또한 고조선을 대표하는 무덤으로 탁자식 고인돌이 있어요. 탁자처럼 넓고 평평한 돌을 위에 얹은 무덤이에요.

　이처럼 유물과 유적을 보면서, 고조선 문화가 어디까지 퍼졌는지 짐작해 볼 수 있답니다.

국가유산과 만나요　　　　　　고조선의 문화 범위

비파형 동검

탁자식 고인돌

> ● **고조선의 문화 범위**
> ⚊ 비파형 동검
> 🐗 탁자식 고인돌

지도 내 지명: 창춘, 지린, 백두산, 평양, 춘천, 울릉도, 강화, 동해, 독도, 부여, 대구, 고창, 화순, 순천

문제와 만나요......

1 빈칸에 들어갈 알맞은 낱말을 보기 에서 찾아 쓰세요.

> 보기 비파 유물

(1) 비파형 동검은 칼의 몸체 모양이 악기   을/를 닮아서 붙인 이름이에요.

(2) 고조선 사람들이 남긴 유적과   을/를 통해 고조선 문화가 퍼진 지역을 알 수 있어요.

2 고조선의 문화 범위를 알 수 있는 유물을 모두 고르세요.   [   ]

① 비파형 동검

② 빗살무늬 토기

③ 탁자식 고인돌

3 고조선에 대한 설명이 맞으면 ○표, 틀리면 ×표 하세요.

(1) 고조선의 지역은 정확히 기록으로 모두 남아 있어.

(2) 비파형 동검은 중국식 칼과 똑같이 생겼어.

(3) 탁자식 고인돌은 탁자처럼 평평한 돌을 위에 얹은 무덤이야.

철기의 사용으로 사람들의 생활 모습은 어떻게 달라졌을까요?

교과서와 만나요

▶ **농기구**
  └ 농사 **농**
  농사를 짓는 데 쓰는 도구나 기구.

시간이 지나면서 사람들은 새로운 금속인 철로 도구를 만들게 되었어요. 철기는 청동기보다 쉽게 녹슬 수 있는 단점이 있었지만, 훨씬 더 단단하고 날카로웠어요. 철은 청동보다 높은 온도에서 녹지만, 주변에서 더 쉽게 구할 수 있는 재료였답니다. 그래서 특별한 사람들만 가질 수 있었던 청동기와 달리 철기는 많은 사람들이 사용할 수 있었어요.

철기 시대 이전의 **농기구**는 돌이나 나무로 만들어서 무겁고 쉽게 망가졌어요. 반면에 철로 만든 농기구는 더 가볍고 튼튼했지요. 또 철은 녹여서 다양한 모양으로 만들 수 있어, 농사짓기에 딱 알맞은 도구를 만들 수 있었답니다.

"철기로 밭을 더 깊게 갈면, 곡식이 더 잘 자라는구나!"

철기 덕분에 농사가 쉬워졌고, 더 많은 곡식을 거둘 수 있었어요. 이처럼 철기를 사용하면서 사람들의 생활이 더 나아졌어요.

국가유산과 만나요

거푸집

철을 녹여 부어서 모양을 만들 때 사용하는 틀이에요.

거푸집과 철기

철창

철로 만든 창이에요. 녹이 많이 슬었죠? 이 창을 누가, 어떤 싸움에서 사용했을까요?

문제와 만나요·······

1 빈칸에 들어갈 알맞은 낱말을 보기 에서 찾아 쓰세요.

보기	농기구	철	청동

(1) 청동보다 더 단단한 _____ (으)로 도구를 만들었어요.

(2) 철은 _____ 보다 더 높은 온도에서 녹지만 구하기 쉬웠어요.

(3) 철로 만든 _____ 은/는 가볍고 튼튼해서 농사짓기에 알맞았어요.

2 철기가 청동기보다 뛰어난 점이 아닌 것을 고르세요. [   ]

① 녹슬지 않아요.

② 더 가볍고 튼튼해요.

③ 주변에서 구하기 쉬워요.

④ 다양한 모양으로 만들 수 있어요.

3 다음에서 밑줄 친 부분은 무엇을 말하는지 고르세요. [   ]

철을 녹여 이 틀에 부으면 모양이 만들어져요.

① 망치   ② 거푸집   ③ 솥   ④ 화덕

고조선이 멸망한 뒤에 어떤 나라들이 생겼을까요?

교과서와 만나요

▶ **중계 무역**
　└─○ 가운데 **중**
　　다른 두 나라 사이에서 물건을 이어서 사고파는 것.

　사람들은 철로 농기구뿐만 아니라 무기도 만들었어요. 철제 무기를 먼저 사용한 무리는 강력한 군사력을 갖추게 되었지요. 고조선도 철기 문화를 받아들여 더욱 발전했어요. 중국 연나라에서 온 위만은 고조선에 철기 문화를 전해 주었고, 점점 세력을 키워 고조선의 왕이 되었어요. 이후 고조선은 중국의 한나라와 남쪽의 진나라 사이에서 물건을 사고파는 **중계 무역**을 하며 점점 더 성장했어요.

　고조선이 점점 강해지자 이를 경계한 한나라가 고조선을 침략했어요. 고조선은 약 1년에 걸쳐 한나라에 맞서 싸웠지만, 결국 수도인 왕검성이 무너지면서 기원전 108년에 멸망하고 말았어요.

　고조선이 멸망하자 유민들이 여러 지역으로 흩어졌어요. 더불어 철기 문화도 더 널리 퍼지게 되었지요. 그러면서 만주와 한반도에는 여러 나라가 등장했어요.

지도와 만나요

부여
고구려
백두산
옥저
동예
진한
마한
변한

고조선 이후 나라들

- **부여**: 북만주 지방의 넓은 평야에서 농사와 목축을 하며 살았어요.
- **고구려**: 산이 많고 추운 만주 지방에서 강한 군사력으로 성장했어요.
- **옥저**: 동해 가까이에 있던 나라로 해산물이 많이 났어요.
- **동예**: 동해안 지역에 있던 나라로, 해마다 하늘에 제사를 지냈어요.
- **마한**: 오늘날 전라도 지방에 있던 나라예요.
- **진한**: 오늘날 경상도 지방에 있던 나라예요.
- **변한**: 진한 옆에 있던 나라로, 철을 수출하며 활발하게 무역했어요.

문제와 만나요······

1 빈칸에 들어갈 알맞은 낱말을 [보기]에서 찾아 쓰세요.

| 보기 | 위만 | 왕검성 | 중계 |

(1) _____ 은/는 고조선에 철기 문화를 전해 주고 왕이 되었어요.

(2) 고조선은 한나라와 진나라 사이에서 _____ 무역을 하며 성장했어요.

(3) 고조선은 한나라의 침략으로 수도인 _____ 이/가 무너지며 멸망했어요.

2 고조선의 발전과 멸망 과정을 일이 일어난 순서에 맞게 기호를 쓰세요.

㉠ 한나라는 고조선의 수도인 왕검성을 점령했어요.

㉡ 고조선이 강해지자 한나라가 고조선을 침략했어요.

㉢ 고조선은 한나라와 진나라 사이에서 중계 무역을 하며 성장했어요.

⬜ → ⬜ → ⬜

3 다음 지도에서 ㉠에 들어갈 나라 이름은 무엇인지 고르세요.　　　　[　　]

㉠

백두산
고구려
옥저
동예
진한
마한
변한

고조선이 멸망한 뒤 생긴 여러 나라 중 하나로 북만주 지방의 넓은 평야에서 농사와 목축을 하며 살던 나라예요.

① 부여　　　② 백제　　　③ 신라　　　④ 가야

구석기, 신석기, 청동기 시대

시대	구석기 시대	신석기 시대	청동기 시대
도구 사용	• 돌을 깨뜨려 만든 도구인 뗀석기를 사용함. • 나무, 동물의 뼈 등을 사용함.	• 돌을 갈아서 만든 도구인 간석기를 사용함. • 빗살무늬 토기를 만들어 사용함.	• 제사를 지내는 도구나 우두머리의 무기로 청동기를 사용함. • 반달 돌칼 같은 돌과 나무로 만든 농기구를 사용함.
생활 모습	• 동물의 가죽으로 옷을 만들어 입음. • 채집이나 사냥을 해서 먹을 것을 구함. • 동굴이나 막집에서 살았음. • 이동 생활을 함.	• 가락바퀴로 실을 뽑아 옷을 만들었음. • 농사와 목축을 시작함. • 움집에서 정착 생활을 함.	• 벼농사가 시작됨. • 신분의 차이가 나타남. • 고인돌을 만들었음.

고조선 사람들의 생활

고조선의 건국 이야기로 알 수 있는 것	고조선의 8조법	고조선의 문화 범위
• 단군왕검을 특별한 하늘의 자손으로 여김. • 고조선 사람들은 농사를 중요하게 여겼음. • 하늘을 모시는 부족과 곰을 모시는 부족이 힘을 합침. • 고조선을 다스린 여러 지배자가 있었음.	• 생명을 소중히 여김. • 개인 재산이 있었음. • 신분의 차이가 있었음.	• 비파형 동검과 탁자식 고인돌의 분포 지역으로 알 수 있음.

철기 시대

철기의 사용	고조선의 멸망과 이후에 생긴 나라들
• 철은 구하기가 쉽고 단단해서 농기구를 비롯한 다양한 도구를 만들었음. • 철기의 사용으로 사람들의 생활이 더 편리해짐.	• 위만에 의해 철기 문화가 전파됨. • 중계 무역으로 고조선이 성장함. • 기원전 108년, 한나라의 침략으로 왕검성이 함락되면서 멸망함. • 고조선 멸망 후 부여, 고구려, 옥저, 동예, 마한, 진한, 변한 등의 나라가 세워짐.

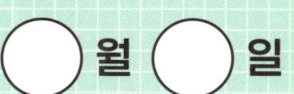

문제로 확인해요

1 다음 시대에 대한 설명으로 알맞은 것을 찾아 선을 이으세요.

(1) 구석기 •   • 농사를 짓기 시작했어요.

(2) 신석기 •   • 계급이 나타나기 시작했어요.

(3) 청동기 •   • 동굴이나 막집에서 살았어요.

2 구석기 시대에 사용한 다음 도구의 특징을 고르세요.   [   ]

① 철을 녹여 만들었어요.
② 청동을 녹여 만들었어요.
③ 돌을 깨뜨려 만들었어요.
④ 돌을 갈아서 만들었어요.

3 다음에서 설명하는 시대에 사용했던 유물로 알맞은 것을 고르세요.   [   ]

 사람들이 움집에서 살았고, 가축을 기르기 시작했어.

① 슴베찌르개

② 빗살무늬 토기

③ 청동 방울

④ 철창

4 다음 도구를 사용했던 시대에 대한 설명이 아닌 것을 고르세요.　　　　　[　　　]

청동 거울

① 벼농사가 시작되었어요.
② 계급이 생기기 시작했어요.
③ 청동으로 도구를 만들었어요.
④ 돌로 만든 도구는 전혀 사용하지 않았어요.

5 다음에서 설명하는 사람은 누구인지 고르세요.　　　　　　　　　　[　　　]

환웅과 웅녀가 결혼해서 낳았고,
아사달에 도읍을 정하고 고조선을 세웠어.

① 주몽　　　　　② 온조　　　　　③ 박혁거세　　　　　④ 단군왕검

6 다음 고조선의 8조법에서 알 수 있는 사실이 아닌 것을 고르세요.　　　[　　　]

– 사람을 죽인 자는 사형에 처한다.
– 남에게 상처를 입힌 자는 곡식으로 갚는다.
– 도둑질한 사람은 노비로 삼는데, 죄를 면하려면 50만 전을 내야 한다.

① 고조선은 돈을 사용했어요.
② 고조선은 사람들이 서로 평등했어요.
③ 고조선 사람들은 생명을 소중히 여겼어요.
④ 고조선은 도둑질에 대한 벌이 매우 무거웠어요.

7 고조선의 건국 이야기를 통해 알 수 있는 내용이 아닌 것을 고르세요.　　　[　　　]

① 고조선은 농사를 중시하는 사회였어요.

② 고조선을 다스린 지배자가 여럿이었어요.

③ 곰과 호랑이 부족이 환인 부족과 함께하고 싶어 했어요.

④ 단군 이야기는 고조선의 정확한 역사 기록이니 모두 사실로 믿어야 해요.

8 고조선의 문화 범위를 알 수 있는 유물과 유적을 고르세요.　　　[　　　]

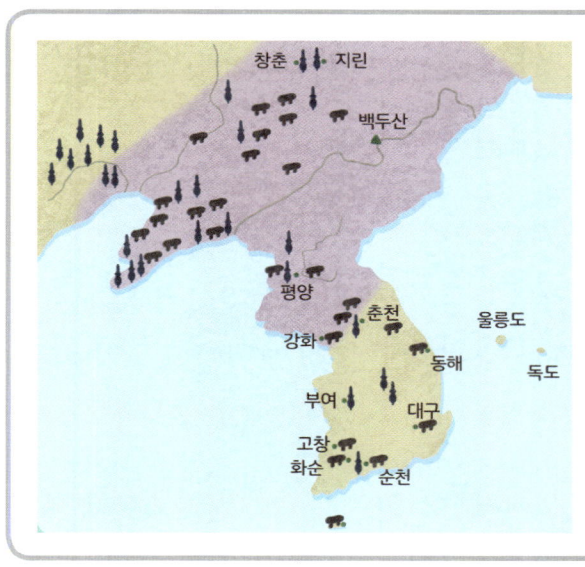

① 세형 동검, 탁자식 고인돌

② 세형 동검, 바둑판식 고인돌

③ 비파형 동검, 탁자식 고인돌

④ 비파형 동검, 바둑판식 고인돌

9 철기를 사용하면서 바뀐 생활 모습이 아닌 것을 고르세요.　　　[　　　]

① 철로 만든 농기구로 농사를 지었어요.

② 철로 만든 무기로 군사력이 강해졌어요.

③ 철기를 사용하면서 고인돌을 만들기 시작했어요.

④ 철을 녹여서 다양한 모양의 도구를 만들 수 있었어요.

구석기 시대 사람들의 만능 도구, 주먹도끼

뚫기
자르기
밀기

스위스 군용 칼

아주아주 오래전, 지금처럼 칼이나 가위, 망치 같은 도구가 없던 시절, 구석기 시대 사람들은 돌을 깨서 만든 도구를 사용했어요. 그중에서도 아주 오랜 기간 널리 쓰였던 도구가 바로 주먹도끼예요.

주먹도끼는 한 손에 쥘 수 있는 도끼 모양의 돌이에요. 겉면이 거칠어서 손에서 미끄러지지 않고, 아래쪽은 살짝 통통하게 생겨서 잡기도 편했답니다. 너무 가볍지도 않고, 딱 알맞은 무게여서 사용하기에 아주 좋았어요.

그런데 이 주먹도끼는 단순한 도끼가 아니었어요. 주먹도끼의 몸체는 하나인데 자르기, 뚫기, 밀기를 모두 할 수 있는 세 가지 날이 디자인되어 있었어요. 그래서 고기 자르기, 나무 자르기, 땅파기, 가죽 벗기기까지 정말 다양한 일을 할 수 있는 도구였어요. 요즘으로 치면 하나로 다양한 기능을 해내는 스위스 군용 칼처럼 여러 가지 일을 할 수 있는 만능 도구였지요.

이 주먹도끼는 구석기 시대 사람들이 생존하는 데 꼭 필요한 도구였어요. 지금 우리는 다양한 도구를 사용하지만, 옛날 사람들은 이 작은 돌 도구 하나를 많은 용도로 사용했어요. 주먹도끼 덕분에 구석기 시대 사람들은 더 편리하고 안전하게 살아갈 수 있었답니다.

1						
				2		
3						
		4				
						5
6						
				7		

다음 문제에 알맞은 답을 가로세로 퍼즐에 써서 퍼즐을 완성해 보세요.

가로열쇠

1 구석기 시대 사람들이 사용했던 대표적인 만능 도구는 무엇일까요?

2 우리 역사에서 처음 생긴 나라의 이름은 무엇일까요?

4 곡물의 이삭을 따는 데 쓰인 청동기 시대의 농기구는 무엇일까요?

6 청동기 시대 사람들의 농사 모습을 알 수 있는 청동기는 'OOO 청동기'입니다. OOO에 들어갈 말은 무엇일까요?

7 구석기 시대 사람들이 주로 사용한 돌을 깨트려 만든 도구들을 무엇이라고 할까요?

세로열쇠

2 청동기 시대 지배자의 무덤을 무엇이라고 할까요?

3 신석기 시대 사람들이 땅을 파고 지붕을 덮어 만든 이 집은 무엇일까요?

5 신석기 시대 사람들이 주로 사용한 돌을 갈아서 만든 도구를 무엇이라고 할까요?

6 신석기 시대에 시작된 일로 씨를 심어 식물을 키우는 일을 무엇이라고 할까요?

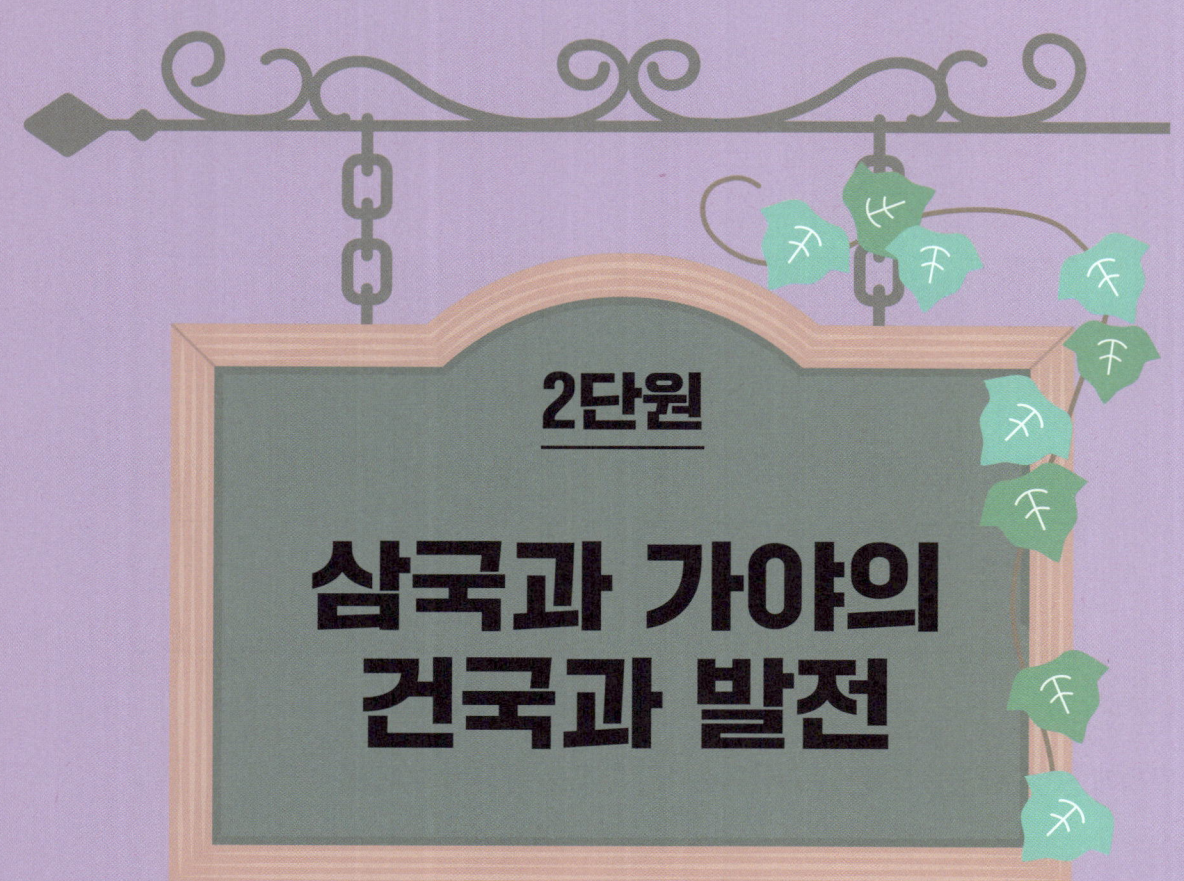

2단원

삼국과 가야의 건국과 발전

주몽은 어떻게 고구려를 건국했을까요?

교과서와 만나요

▶ 건국
　└ 세울 건
국가를 처음으로 세우는 것.

고구려를 **건국**한 주몽에게는 특별한 탄생 이야기가 전해져요.

옛날, 하늘에서 내려온 해모수 신과 물의 신 하백의 딸 유화가 사랑에 빠졌어요. 이를 알게 된 유화의 아버지는 유화를 쫓아냈어요. 유화는 우연히 부여의 금와왕을 만나 궁전에서 지냈어요. 어느 날, 유화는 햇빛을 받고 큰 알을 낳았어요. 금와왕이 알을 버렸지만, 짐승들이 알을 따뜻하게 지켜 주었지요. 바로 그 알에서 '주몽'이 태어났어요. 주몽은 '활을 잘 쏘는 사람'이라는 뜻이에요. 이름처럼 주몽은 활을 아주 잘 쐈답니다. 하지만 부여의 왕자들이 주몽을 괴롭혀서, 주몽은 신하들과 함께 몰래 도망쳤어요. 도망치던 중 큰 강을 만나자 주몽은 하늘을 향해 외쳤어요.

"나는 하늘의 신과 물의 신의 손자다! 나를 도와라!"

그러자 강에서 물고기와 자라 떼가 나타나 주몽이 강을 건널 수 있도록 다리를 만들어 주었어요. 위기를 벗어난 주몽은 부여의 남쪽, 졸본에 새로운 나라를 세웠어요. 그 나라가 바로 '고구려'예요.

인물과 만나요　　　　　　　　알에서 태어난 주몽

알에서 태어났다는 건 주몽이 특별한 힘을 가진 사람이라는 뜻이에요. 옛날 사람들은 나라를 세운 임금을 하늘이 고른 특별한 사람으로 믿고 싶었어요. 그래서 주몽이 알에서 태어났다는 이야기를 만들어, 나라의 시작을 신비롭고 멋지게 전한 거예요.

문제와 만나요......

1 빈칸에 들어갈 알맞은 낱말을 보기 에서 찾아 쓰세요.

보기   해모수   활   고구려

(1) 주몽은 부여의 남쪽, 졸본에 ＿＿＿＿＿＿＿ 을/를 세웠어요.

(2) 주몽이라는 이름은 ＿＿＿＿＿＿＿ 을/를 잘 쏘는 사람이라는 뜻이에요.

(3) 주몽은 하늘의 신 ＿＿＿＿＿＿＿ 와/과 하백의 딸 유화 사이에서 태어났어요.

2 다음 주몽의 이야기를 일이 일어난 순서에 맞게 기호를 쓰세요.

㉠ 주몽은 졸본에 고구려를 세웠어요.

㉡ 유화가 낳은 큰 알에서 주몽이 태어났어요.

㉢ 부여의 왕자들이 괴롭히자 주몽은 부여에서 도망쳤어요.

㉣ 물고기와 자라 떼의 도움을 받아 주몽은 큰 강을 건널 수 있었어요.

[＿＿] → [＿＿] → [＿＿] → [＿＿]

3 고구려 건국 이야기에 대한 설명이 맞으면 ○표, 틀리면 ✕표 하세요.

(1) 유화는 햇빛을 받고 큰 알을 낳았어.

[＿＿]

(2) 부여에서 도망치던 주몽은 배를 타고 강을 건넜어.

[＿＿]

(3) 주몽은 하늘의 신과 물의 신의 손자야.

[＿＿]

백제는 어떻게 건국되었을까요?

교과서와 만나요

▶ 고분
└ 옛 고
옛날 시대에 만들어진 무덤.

고구려를 세운 주몽은 졸본에서 비류와 온조를 낳았어요. 그런데 나중에 부여에서 낳은 아들 '유리'가 주몽을 찾아오자, 유리를 태자로 삼았지요. 이 소식을 들은 비류와 온조는 실망하여 남쪽으로 떠났어요. 비류는 미추홀에, 온조는 한강 남쪽의 위례성에 각각 자리를 잡았어요. 나중에 비류의 백성들도 위례성으로 옮겨 왔어요. 온조는 그들을 따뜻하게 맞이했어요.

"백성들이 즐거이 따르니 나라 이름을 백제라 하겠노라."

온조는 새로운 나라를 세우고 이름을 '백제'라고 했어요. 그러니까 백제는 고구려와 관련이 깊은 나라겠죠? 백제의 무덤과 고구려의 무덤이 비슷한 걸 그 증거로 들 수 있어요. 백제의 석촌동 **고분**은 돌을 차곡차곡 쌓아 만든 무덤인데, 이런 무덤을 돌무지무덤이라고 불러요. 고구려에도 이런 돌무지무덤이 있어요.

국가유산과 만나요 　　　　　 고구려와 백제의 돌무지무덤

고구려의 장군총 　　　　　　 백제의 석촌동 고분

고구려의 장군총은 돌을 층층이 쌓아 만든 큰 돌무지무덤이에요. 　　 백제의 석촌동 고분도 비슷한 방식으로 만들어졌어요.

문제와 만나요......

1 빈칸에 들어갈 알맞은 낱말을 [보기]에서 찾아 쓰세요.

> **보기** 백제 위례성 고구려

(1) 온조는 한강 남쪽의 _____ 에 자리 잡았어요.

(2) 비류의 백성들과 온조의 백성들이 함께 _____ 을/를 세웠어요.

(3) 백제의 석촌동 고분은 _____ 와/과 무덤을 만드는 방식이 비슷해요.

2 다음 온조의 말풍선에서 빈칸에 들어갈 알맞은 말을 쓰세요.

백성들이 즐거이 따르니 나라 이름을 _____ 라 하겠노라.

3 다음 설명에서 괄호에 들어갈 알맞은 말을 골라 ○표 하세요.

백제의 석촌동 고분

고구려의 장군총

무덤 양식이 닮은 것을 보니, 백제를 세운 사람들이 고구려와
(관련이 있음을 / 관련이 없음을) 알 수 있어요.

신라는 어떻게 건국되었을까요?

교과서와 만나요

▶ 촌장
└ 우두머리 장
마을을 이끄는 사람.

신라는 여섯 마을이 모여 만든 사로국에서 출발했어요. 사로국은 지금의 경주에 있었어요. 사로국의 여섯 **촌장**들은 나라를 다스릴 훌륭한 왕이 나타나길 기다리고 있었지요. 그러던 어느 날, 한 촌장이 나정이라는 우물가에서 울고 있는 흰말을 봤어요. 얼른 가 보니 말은 사라졌고, 그 자리에 박처럼 생긴 커다란 알 하나가 놓여 있었어요. 얼마 뒤, 알에서 남자아이가 태어났지요.

"박처럼 생긴 알에서 나왔으니, 성을 박(朴)이라고 붙입시다."

"빛나고 큰 인물이 되라는 뜻으로 이름은 '혁거세'라고 합시다."

촌장들은 아이를 박혁거세라고 불렀어요. 촌장들은 이 아이가 하늘에서 내려왔다고 믿으며, 사로국의 첫 번째 왕으로 삼았어요. 이때는 기원전 57년으로, 《삼국사기》라는 책에 이 이야기가 실려 있어요. 이후 신라는 박씨, 석씨, 김씨가 번갈아 가면서 왕이 되어 나라를 다스렸어요.

국가유산과 만나요

경주 나정

경주에 있으며, 신라를 세운 박혁거세가 태어났다는 전설을 간직한 우물가예요.

문제와 만나요

1 빈칸에 들어갈 알맞은 낱말을 [보기]에서 찾아 쓰세요.

| 보기 | 경주　《삼국사기》　나정 |

(1) 신라의 건국 이야기는   에 실려 있어요.

(2) 신라는 지금의   에 있었던 사로국에서 시작되었어요.

(3) 박혁거세는   (이)라는 우물가에 놓인 알에서 태어났어요.

2 '박혁거세'에 대한 설명이 맞으면 ○표, 틀리면 ×표 하세요.

(1)
> '박'은 사로국 촌장들의 성씨였어.

(2)
> '혁거세'는 빛나고 큰 인물이라는 뜻이야.

(3)
> 박혁거세는 고구려를 세웠어.

3 다음 신라의 건국 이야기를 일이 일어난 순서에 맞게 기호를 쓰세요.

㉠ 알에서 박혁거세가 태어났어요.

㉡ 촌장들이 박혁거세를 왕으로 삼았어요.

㉢ 흰말이 나정이라는 우물가에서 울고 있었어요.

㉣ 말이 사라진 자리에 박처럼 생긴 알이 있었어요.

가야는 어떻게 건국되었을까요?

교과서와 만나요

▶ **연맹 국가**
　└ 이을 **연**
여러 마을이나 작은 나라들이
힘을 합쳐 만든 나라.

　낙동강 주변 지역에서는 아홉 명의 촌장들이 백성들을 다스리며 살고 있었어요. 그러던 어느 날, 김해의 구지봉이 있는 하늘에서 이상한 소리가 들렸어요.

　"알려 주는 대로 노래를 부르면서 산봉우리의 흙을 파며 춤을 추어라. 그러면 왕을 맞이하게 될 것이다."

　하늘이 알려 준 노래는 이러했어요.

　"거북아 거북아 머리를 내밀어라. 그러지 않으면 구워 먹으리라."

　아홉 촌장들은 하늘의 명령에 따라 노래를 부르며 춤을 추었어요. 그러자 하늘에서 붉은 보자기에 쌓인 금빛 상자가 내려왔어요. 상자 속에는 해처럼 둥근 황금 알이 여섯 개 들어 있었지요. 이 여섯 개의 알에서 아이가 태어났는데, 그중 김수로가 가장 먼저 태어났어요. 촌장들은 김수로를 비롯한 여섯 명을 하늘이 내려 준 왕이라 믿고 여섯 가야를 다스리는 왕으로 세웠어요. 그러니까 가야는 여러 나라가 함께 힘을 모은 **연맹 국가**였지요. 가야는 낙동강 유역에서 철기 문화를 바탕으로 점점 성장했어요. 초기에는 김수로왕이 다스리는 금관가야가 가야 연맹을 이끌었어요.

국가유산과 만나요　　　　　　　　　　　　　　수로왕릉

가야의 첫 번째 왕인 김수로왕이 잠든 무덤이에요.
지금까지 김해에 잘 보존되어 있어요.

문제와 만나요......

1 빈칸에 들어갈 알맞은 낱말을 [보기]에서 찾아 쓰세요.

보기	김수로 연맹 구지봉

(1)   이/가 알에서 가장 먼저 태어났어요.

(2) 가야는 여러 나라가 힘을 모은   국가였어요.

(3) 김해의   이/가 있는 하늘에서 이상한 소리가 들렸어요.

2 다음 빈칸에 공통으로 들어갈 알맞은 말을 쓰세요.

알려 주는 대로 노래를 불러라.
"   아   아 머리를 내밀어라.
그러지 않으면 구워 먹으리라."
노래를 부르면서 산봉우리의 흙을 파며 춤을 추어라.

3 가야의 건국 이야기에 대한 설명이 맞으면 ○표, 틀리면 ×표 하세요.

(1)
김수로왕 혼자 왕이 되어
가야를 다스렸어.

(2)
금관가야가 초기에
가야 연맹을 이끌었어.

(3)
가야는 철기 문화를
바탕으로 성장했어.

근초고왕은 어떻게 백제의 전성기를 이끌었을까요?

교과서와 만나요

▶ **전성기**
└ **온전할 전**
나라나 사람이 가장 힘이 세고 잘나가던 때.

고구려, 백제, 신라 삼국은 점차 힘을 키워 주변의 작은 나라를 정복하며 큰 나라로 성장했어요. 그중 가장 먼저 **전성기**를 맞이한 나라는 한강 유역에 자리 잡은 백제였어요. 백제는 한강 유역의 기름진 땅에서 농사를 지으며 힘을 길렀고, 한강을 따라 중국과 쉽게 오가며 앞선 문물을 받아들여 독창적인 문화를 만들어 갔어요.

"농사가 잘되니, 식량도 풍족하고 살기 좋구나!"

4세기, 왕이 된 근초고왕은 남쪽으로 진출해 마한 지역을 대부분 정복했어요. 가야에도 영향을 미쳤고, 북쪽으로는 고구려를 공격했어요.

"고구려의 위협을 막고 백제의 힘을 보여 줄 때다!"

근초고왕은 군대를 이끌고 고구려의 평양성을 공격했어요. 근초고왕은 백제의 영토를 가장 크게 넓히며 강하게 만들었어요.

인물과 만나요

백제의 전성기를 이끈 근초고왕

고구려
평양
평양성 공격 (371년)
한성(서울)
백제
신라
가야
왜

근초고왕은 4세기에 백제의 영토를 크게 넓혔어요. 지금의 서울, 충청도, 전라도, 황해도에 이르는 지역이었지요. 또, 중국과 왜(지금의 일본)와 교류하면서 백제를 더욱 발전시켰답니다.

백제 전성기 (4세기, 근초고왕)

문제와 만나요......

1 빈칸에 들어갈 알맞은 낱말을 [보기]에서 찾아 쓰세요.

> [보기] 한강 백제 평양성

(1) 근초고왕은 고구려의 _____ 을/를 공격했어요.

(2) _____ 은/는 삼국 중 가장 먼저 전성기를 맞이했어요.

(3) 백제는 _____ 유역의 기름진 땅에서 농사를 지으며 힘을 길렀어요.

2 백제의 전성기를 이룬 백제의 왕은 누구인지 이름을 쓰세요.

3 백제의 전성기에 대한 설명이 맞으면 ◯표, 틀리면 ✕표 하세요.

(1)
> 근초고왕은 마한 지역 대부분을 정복했어.

(2)
> 백제는 6세기에 전성기를 맞았어.

(3)
> 근초고왕은 백제의 영토를 가장 크게 넓혔어.

백제는 다른 나라와 어떻게 지냈나요?

교과서와 만나요

▶ **교류**
└ **사귈 교**
사람이나 나라 사이에 생각, 문화, 물건 등을 주고받는 것.

백제는 다른 나라와도 사이좋게 지내며 활발히 **교류**했어요. 특히 근초고왕 때에는 나라의 힘이 매우 강해졌고, 넓어진 영토와 바닷길을 이용해 다른 나라와 자주 오갔어요. 백제는 중국의 동진, 한반도 남부의 가야, 왜(지금의 일본)와도 교류했어요. 이렇게 다른 나라와 친하게 지내면서 더 강한 나라로 성장했지요.

백제와 일본이 당시에 친하게 지냈다는 사실을 알려 주는 특별한 물건이 있어요. 바로 '칠지도'라는 칼이에요. 이 칼은 가지가 일곱 개 달려 있어서 칠지도라고 불려요. 칠지도에는 다음과 같은 글이 새겨져 있어요.

"백 번이나 단련한 강철로 칠지도를 만들었는데 지금까지 이런 칼은 없었다. 백제의 왕세자가 만들어서 왜왕에게 주니, 후세에 전하여 주어라."

칠지도에 적힌 글을 통해 백제가 왜와 교류하며 특별한 선물을 주었다는 사실을 알 수 있어요.

국가유산과 만나요   칠지도

이 칼은 양쪽에 뿔처럼 생긴 칼날이 나뭇가지 모양으로 각각 세 개씩 달려 있어서, 모두 일곱 개의 칼날을 이루고 있어요. 그래서 이름이 칠지도예요. '칠(七)'은 일곱, '지(支)'는 가지, '도(刀)'는 칼을 뜻하지요.

백제 칠지도(모조품)

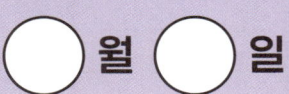

문제와 만나요······

1 빈칸에 들어갈 알맞은 낱말을 보기 에서 찾아 쓰세요.

> 보기 바닷길 왜

(1) 백제는 넓어진 영토와   을/를 이용해 다른 나라와 자주 오갔어요.

(2) 백제는 중국의 동진, 한반도 남부의 가야,   와/과 활발히 교류했어요.

2 다음 빈칸에 들어갈 국가유산의 이름을 쓰세요.

 백 번이나 단련한 강철로   을/를 만들었는데 지금까지 이런 칼은 없었다. 백제의 왕세자가 만들어서 왜왕에게 주니, 후세에 전하여 주어라.

3 백제에 대한 설명이 맞으면 ○표, 틀리면 ×표 하세요.

(1) 백제는 고구려와만 교류하며 다른 나라는 무시했어.
 ☐

(2) 칠지도는 왜왕이 백제에게 준 선물이야.
 ☐

(3) 백제는 왜와 친하게 지냈어.
 ☐

55

광개토대왕은 고구려의 영토를 얼마나 넓혔나요?

교과서와 만나요

▶ **율령**
  └ 법 율
  나라의 질서를 지키기 위해 만든 법.

▶ **연호**
  └ 이름 호
  왕이나 황제가 특별한 뜻을 담아 시대나 해에 붙인 이름.

백제가 전성기를 맞이할 무렵, 고구려는 북쪽에서는 중국에게 남쪽에서는 백제에게 끊임없이 공격받으며 어려운 시기를 보냈어요. 이때 왕이 된 소수림왕은 나라를 다시 일으키려고 노력했어요. 중국에서 불교를 받아들여, 왕을 중심으로 백성의 마음을 하나로 모았어요. 또한 **율령**을 널리 퍼뜨려 나라를 체계적으로 다스렸고, 태학이라는 교육 기관을 만들어 인재를 키웠지요.

소수림왕 다음에 왕이 된 광개토대왕은 고구려의 영토를 크게 넓혔어요. 북쪽으로는 만주와 요동 지역을 차지했고, 남쪽으로는 백제를 공격하여 한강 북쪽의 땅을 손에 넣었어요. 신라에 쳐들어온 왜군을 물리쳐 주었고, 금관가야에도 큰 타격을 입혔어요. 광개토대왕은 고구려의 힘을 세상에 알리기 위해 '영락'이라는 고구려만의 독자적인 **연호**를 사용하기도 했답니다.

국가유산과 만나요 / 광개토대왕릉비와 호우총 청동 그릇

광개토대왕릉비

호우총 청동 그릇

고구려의 왕이었던 광개토대왕의 업적을 적어 놓은 큰 비석이에요. 광개토대왕의 아들인 장수왕이 아버지를 기리기 위해 만들었어요.

경주에 있는 오래된 무덤에서 나온 그릇으로, 바닥에 '고구려 광개토대왕을 기리며 만든 그릇이다'라는 글이 쓰여 있어요. 이를 통해 고구려와 신라가 매우 가까운 사이였다는 사실을 알 수 있어요.

문제와 만나요

1 빈칸에 들어갈 알맞은 낱말을 보기 에서 찾아 쓰세요.

| 보기 | 불교 | 율령 | 연호 |

(1) 광개토대왕은 영락이라는 고구려만의 □□□을/를 사용했어요.

(2) 소수림왕은 □□□을/를 받아들여 백성의 마음을 하나로 모았어요.

(3) 소수림왕은 □□□을/를 널리 퍼뜨려 나라를 체계적으로 다스렸어요.

2 다음 국가유산에 대한 설명에서 빈칸에 들어갈 알맞은 말을 각각 쓰세요.

호우총 청동 그릇

경주에 있는 오래된 무덤에서 나온 그릇으로,

□□□와/과 □□□이/가

서로 가까운 사이였다는 사실을 알 수 있어요.

3 고구려의 발전에 대한 설명이 맞으면 ◯표, 틀리면 ✕표 하세요.

(1)
소수림왕은 고구려의
영토를 크게 넓혔어.

□

(2)
광개토대왕은 고구려의
수도를 옮겼어.

□

(3)
소수림왕은 태학을
만들어 인재를 키웠어.

□

장수왕은 왜 수도를 옮겼을까요?

교과서와 만나요

▶ **동맹**
└─ 맹세할 **맹**
힘을 합치기로 맹세함.

광개토대왕의 뒤를 이어 장수왕이 고구려의 전성기를 이끌었어요. 장수왕은 먼저 수도를 국내성에서 평양성으로 옮겼어요.

"평양은 큰 강과 넓은 평야가 있어 살기에 좋다. 무엇보다 남쪽으로 진출하기에 좋은 위치에 있으니 평양으로 수도를 옮겨라!"

장수왕은 이후 계속해서 한반도 남쪽으로 내려왔어요. 이에 백제와 신라는 위기감을 느꼈어요.

"이러다가 우리 둘 다 망하겠습니다. 서로 힘을 합칩시다!"

백제와 신라는 '나제 **동맹**'을 맺고 서로 힘을 합쳐 고구려에 맞서기로 했어요. 하지만 장수왕은 백제의 수도 위례성을 점령하며, 한강 전부를 차지하는 데 성공했어요. 백제는 어쩔 수 없이 수도를 웅진(지금의 공주)으로 옮겨야 했지요. 장수왕은 한반도의 중부 지역까지 영토를 넓혔고, 이러한 사실을 충주 고구려비에 기록해 놓았답니다.

국가유산과 만나요

고구려

국내성

평양

평양성 천도
(427년)

신라

백제 가야

왜

고구려 전성기 (5세기, 광개토대왕과 장수왕)

전성기를 맞은 고구려

충주 고구려비

문제와 만나요 ······

1 빈칸에 들어갈 알맞은 낱말을 보기 에서 찾아 쓰세요.

| 보기 | 장수왕 | 한강 | 고구려비 |

(1) 장수왕은 _____ 전부를 차지하는 데 성공했어요.

(2) 고구려의 _____ 은/는 한반도 남쪽으로 계속해서 내려왔어요.

(3) 고구려가 한반도의 중부 지역까지 영토를 넓혔다는 사실을 충주 _____ 에 기록했어요.

2 다음은 누구에 대한 설명인지 이름을 쓰세요.

☐

고구려의 전성기를
이끈 왕이야.

수도를 국내성에서
평양성으로 옮겼어.

충주 고구려비를
세웠어.

3 백제와 신라가 고구려에 맞서기 위해 무엇을 맺었는지 쓰세요.

☐

이러다가 우리 둘 다
망하겠습니다!

서로 힘을 합칩시다!

백제 개로왕   신라 눌지왕

진흥왕은 어떻게 신라의 땅을 넓혔을까요?

교과서와 만나요

▶ **문물**
└ 물건 **물**
옛날 사람들이 만든 귀한 물건이나 새로운 기술, 제도.

신라의 수도 경주는 한반도의 동남쪽에 치우쳐 있어서 중국에서 들어오는 새로운 **문물**을 받아들이기가 쉽지 않았어요. 그래서 신라는 느리게 발전하며 조금씩 힘을 키워 갔어요.

6세기 중반, 진흥왕 때 신라는 나라의 땅을 크게 넓혔어요. 먼저 백제와 힘을 합쳐 고구려가 차지하고 있던 한강의 위쪽을 빼앗았어요. 진흥왕은 여기서 멈추지 않고, 백제가 차지한 한강 아래쪽까지 빼앗았어요. 한강 전부를 차지한 신라는 중국과 오가는 길을 가지게 되었지요.

진흥왕은 남쪽의 대가야를 정복했고, 북쪽으로는 함경도 지역까지 올라갔어요. 진흥왕은 '북한산 순수비'를 비롯한 여러 비석을 곳곳에 세워 새로 얻은 땅을 기념했어요. 또한 진흥왕은 화랑도라는 단체를 국가 조직으로 바꾸어 나라를 이끌 인재들을 키웠어요. 화랑도는 젊고 씩씩한 청소년들이 모인 단체로, 화랑들은 전쟁터에서 용감하게 싸웠다고 해요.

국가유산과 만나요

신라의 전성기

고구려

우산국 정복
(지증왕, 512년)

북한산
진흥왕 순수비

신라

우산

백제

금성(경주)

신라 전성기 (6세기, 진흥왕)

진흥왕이 한강 지역을 차지한 기념으로 세운 비석이에요.

북한산 진흥왕 순수비

문제와 만나요 ······

1 빈칸에 들어갈 알맞은 낱말을 보기 에서 찾아 쓰세요.

보기 중국 경주 진흥왕

(1) 6세기 중반,　　　　　때 신라는 나라의 땅을 크게 넓혔어요.

(2) 신라의 수도　　　　　은/는 한반도의 동남쪽에 치우쳐 있었어요.

(3) 한강 전부를 차지한 신라는　　　　　와/과 오가는 길을 가지게 되었어요.

2 다음은 무엇에 대한 설명인지 쓰세요.

(1) 진흥왕이 국가 조직으로 바꾸었어요.

(2) 신라의 젊고 씩씩한 청소년들이 모인 단체예요.

(3) 여기에 속한 이들은 전쟁터에서 용감하게 싸웠어요.

3 진흥왕의 업적에 대한 설명이 맞으면 ○표, 틀리면 ×표 하세요.

(1) 진흥왕은 백제에게 한강을 빼앗겼어.

(2) 진흥왕은 북한산 순수비를 비롯한 여러 비석을 세웠어.

(3) 진흥왕은 신라의 수도를 옮겼어.

가야는 왜 사라졌을까요?

교과서와 만나요

▶ 경쟁
└ 다툴 경
서로 이기려고 겨루고 다투는 것.

가야는 금관가야를 중심으로 여러 가야 나라들이 연맹을 이루어 함께 살았어요. 금관가야가 있던 낙동강 근처는 땅이 기름져서 농사짓기에 좋았고, 철도 많이 생산되었어요. 또 바닷길이 가까워서 다른 나라와 무역하기에도 좋았지요. 금관가야는 낙랑이나 왜와 물건을 사고팔며 점점 강해졌어요.

하지만 금관가야는 신라와 **경쟁**하면서 점점 힘이 약해졌고, 광개토대왕이 이끄는 고구려의 공격을 받아 큰 피해를 입었어요. 금관가야 다음으로 대가야가 가야 연맹을 이끌었지만, 신라와 백제의 압박을 받으면서 가야는 점점 힘을 잃었어요.

결국 가야는 신라에 합쳐지면서 역사 속으로 사라지게 되었어요. 가야 사람들 중에는 왜로 건너가 문화 발전에 도움을 준 사람들도 있고, 신라로 들어가 신라의 발전을 도운 사람들도 있어요.

국가유산과 만나요

가야 연맹의 변화

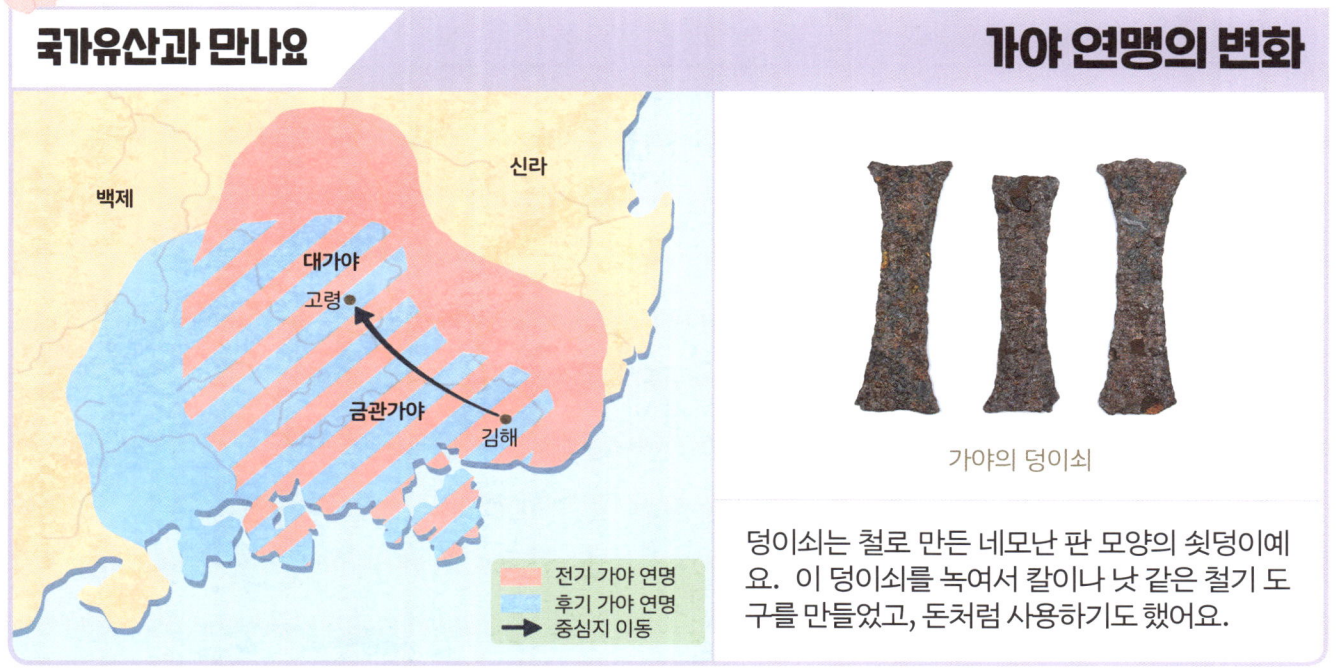

백제

신라

대가야
고령

금관가야
김해

■ 전기 가야 연명
■ 후기 가야 연명
→ 중심지 이동

가야의 덩이쇠

덩이쇠는 철로 만든 네모난 판 모양의 쇳덩이예요. 이 덩이쇠를 녹여서 칼이나 낫 같은 철기 도구를 만들었고, 돈처럼 사용하기도 했어요.

문제와 만나요 ......

1 빈칸에 들어갈 알맞은 낱말을 보기 에서 찾아 쓰세요.

| 보기 | 낙동강 | 대가야 | 고구려 |

(1) 금관가야 다음으로 _____ 이/가 가야 연맹을 이끌었어요.

(2) 금관가야는 _____ 근처에 있었고, 철이 많이 생산되었어요.

(3) 금관가야는 광개토대왕이 이끄는 _____ 의 공격을 받아 큰 피해를 입었어요.

2 다음은 무엇에 대한 설명인지 쓰세요.

돈처럼 사용하기도 했어.

이것을 녹여 칼이나 낫 같은 철기 도구를 만들었어.

_____

3 가야의 유물에 대한 설명에서 빈칸에 공통으로 들어갈 말을 쓰세요.

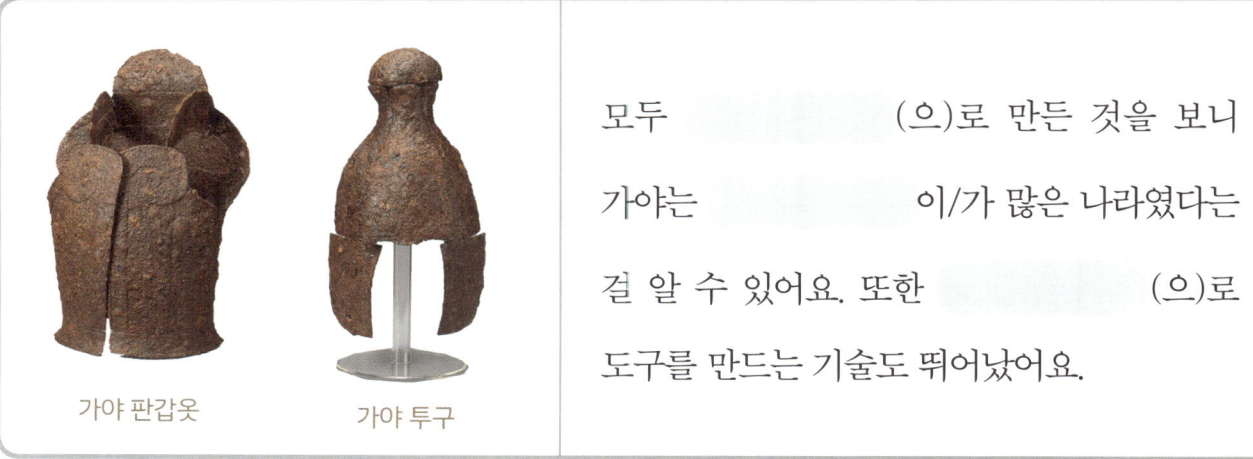

가야 판갑옷   가야 투구

모두 _____ (으)로 만든 것을 보니 가야는 _____ 이/가 많은 나라였다는 걸 알 수 있어요. 또한 _____ (으)로 도구를 만드는 기술도 뛰어났어요.

꼭 기억해요!

삼국과 가야의 건국

나라	고구려	백제	신라	가야
건국한 인물	주몽	온조	박혁거세	김수로와 가야의 왕들
건국 위치	졸본	위례성(서울)	서라벌(경주)	금관가야(김해)
건국 시기	기원전 37년	기원전 18년	기원전 57년	42년

삼국의 전성기와 가야의 성장과 멸망

삼국의 전성기

나라	백제	고구려	신라
시대	4세기	5세기	6세기
전성기의 왕	근초고왕	광개토대왕, 장수왕	진흥왕
전성기 지도	고구려 평양성 공격(371년) 평양 한성(서울) 백제 신라 가야 왜	고구려 국내성 평양 평양성 천도(427년) 백제 신라 가야 왜	고구려 우산국 정복(지증왕, 512년) 북한산 진흥왕 순수비 신라 우산 백제 금성(경주)

가야의 성장과 멸망

- 성장: 풍부한 철 생산을 바탕으로 물건을 사고팔며 점점 강해짐.
- 쇠퇴 원인: 신라와 백제의 압박을 받으며 힘이 약해짐.
- 멸망: 신라에 합쳐지면서 역사 속으로 사라짐.

문제로 확인해요

1 다음 각 나라를 건국한 왕에 대한 설명을 찾아 선을 이으세요.

(1) **고구려** •

(2) **백제** •

(3) **신라** •

(4) **가야** •

• 온조가 위례성에서 건국했어요.

• 박혁거세가 서라벌에서 건국했어요.

• 김수로를 비롯한 여섯 명의 왕이 김해 부근에서 건국했어요.

• 주몽이 졸본에서 건국했어요.

2 백제의 건국 과정에 대한 설명으로 틀린 것을 고르세요. [   ]

① 비류와 온조가 졸본에서 남쪽으로 떠났어요.

② 온조는 한강 남쪽의 위례성에 자리를 잡고 나라를 세웠어요.

③ 비류가 미추홀에 나라를 세우자, 많은 백성이 모여들었어요.

④ 온조는 백성들이 즐겁게 따르자 나라 이름을 백제라고 했어요.

3 가야의 건국 과정에 대한 설명으로 틀린 것을 고르세요. [   ]

① 나정이라는 우물가에서 알들이 발견되었어요.

② 여섯 알 중 가장 먼저 태어난 아이가 김수로이며, 가야의 왕이 되었어요.

③ 가야는 철기 문화를 바탕으로 성장했고, 금관가야가 연맹의 중심이 되었어요.

④ 하늘에서 금빛 상자가 내려왔고, 그 안에는 여섯 개의 황금 알이 들어 있었어요.

4 다음에서 설명하는 왕은 누구인지 고르세요.   [   ]

 마한 지역을 정복하고, 고구려 평양성을
공격했어. 백제의 전성기를 이끌었지.

① 무령왕   ② 근초고왕   ③ 문주왕   ④ 성왕

5 다음에서 설명하는 유물은 무엇인지 고르세요.   [   ]

 일곱 개의 칼날이 있고,
백제가 왜와 교류했음을 알 수 있어.

① 가야 판갑옷   ② 호우총 청동그릇   ③ 칠지도   ④ 청동 거울

6 고구려 광개토대왕의 업적이 아닌 것을 고르세요.   [   ]

① 신라에 침입한 왜군을 물리쳤어요.

② 북쪽의 만주와 요동 지역을 차지했어요.

③ 백제를 공격하여 한강 북쪽의 땅을 차지했어요.

④ 고구려의 수도를 국내성에서 평양성으로 옮겼어요.

7 고구려 장수왕에게 맞서려고 백제와 신라가 맺은 동맹을 고르세요.   [   ]

① 가야 연맹

② 나제 동맹

③ 삼국 동맹

④ 강화 조약

8 다음 각 나라의 전성기를 이끈 왕과 시대를 찾아 선을 이으세요.

(1)

| 백제 | • | • | 진흥왕 | • | • | 4세기 |

(2)

| 고구려 | • | • | 근초고왕 | • | • | 5세기 |

(3)

| 신라 | • | • | 광개토대왕, 장수왕 | • | • | 6세기 |

9 다음에서 설명하는 유물은 무엇인지 고르세요.   [   ]

> 철로 만든 네모난 판 모양의 쇳덩이예요. 이것을 녹여서 칼이나 낫 같은 철기 도구를 만들었어요. 돈처럼 사용하기도 했어요.

① 가야 판갑옷   ② 덩이쇠   ③ 칠지도   ④ 가야 투구

신라의 화랑도와 원광법사의 세속오계

신라는 나라를 튼튼하게 만들려고 많이 노력했어요. 그중에서도 진흥왕 때 생겨난 화랑도는 아주 특별했답니다. 화랑도는 씩씩한 신라의 청소년들이 모여 만든 단체였어요. 처음에는 산과 들을 다니며 자연 속에서 몸과 마음을 닦는 모임이었지만, 점점 나라를 위해 싸우고 나라를 이끌 인재를 키우는 단체가 되었어요. 나라가 어려울 때, 화랑들은 앞장서서 싸우며 백성들을 도왔답니다.

어느 날, 귀산과 추항이라는 두 화랑이 전쟁터에 나가기 전에 원광법사를 찾아가 물었어요.

"우리가 전쟁터에서도 지켜야 할 약속이 있다면 알려 주세요!"

원광법사는 다섯 가지 약속을 알려 주었어요.

사군이충(事君以忠) 임금을 섬길 때는 충성스럽게 해야 한다.
사친이효(事親以孝) 부모님을 섬길 때는 효도해야 한다.
교우이신(交友以信) 친구를 사귈 때는 믿음으로 해야 한다.
임전무퇴(臨戰無退) 전쟁에 나가면 물러서지 않는다.
살생유택(殺生有擇) 함부로 죽이지 말고 옳은 일을 위해 싸워야 한다.

화랑들은 이 다섯 가지 약속을 마음속에 새기고 지켰어요. 그래서 나라를 지키는 데 앞장서고, 어려운 일도 용감하게 해내며 신라가 더욱 튼튼한 나라가 되도록 도울 수 있었답니다.

박	김	금	평	주	산	위
혁	석	관	조	양	몽	례
거	해	가	순	거	성	성
세	지	야	비	근	리	미
준	백	제	능	초	졸	강
화	랑	도	노	고	송	본
광	개	토	대	왕	기	철

다음 문제에 알맞은 답을 낱말 퍼즐에서 찾아 ○표 해 보세요.

1   온조가 세운 나라 이름은 무엇일까요?

2   고구려가 처음 세워진 곳은 어디일까요?

3   백제의 전성기를 이끈 왕은 누구일까요?

4   장수왕은 고구려의 수도를 어디로 옮겼을까요?

5   온조가 나라를 세운 곳은 한강 남쪽의 어디일까요?

6   여섯 가야의 임금 중 하나인 김수로가 다스린 곳은 어드 일까요?

7   영락이라는 고구려의 독자적인 연호를 사용한 왕은 누구일까요?

8   신라의 첫 임금으로 알에서 태어났다고 전해지는 인물은 누구일까요?

9   '활을 잘 쏘는 사람'이란 이름을 가진 고구려를 세운 사람은 누구일까요?

10   신라의 전성기를 이끈 진흥왕이 국가 조직으로 바꾼 이것은 무엇일까요?

69

3단원

삼국과 가야의
생활 모습

삼국 시대 귀족은 어떤 모습으로 살았을까요?

교과서와 만나요

▶ **귀족**
　└ **귀할 귀**
높고 귀한 집안에 속한 사람.

　고구려, 백제, 신라는 전쟁을 통해 여러 나라를 하나로 합쳐 갔어요. 이 과정에서 힘이 센 집단에 속한 사람들과 전쟁에서 활약한 사람들은 왕이나 **귀족**이 되었어요. 반면, 대부분의 보통 사람들은 평민이 되었지요. 전쟁에서 지거나 죄를 지은 사람들은 노비가 되었어요. 귀족은 신분을 자식에게 물려줄 수 있었고, 나라의 중요한 일을 맡는 관리가 되었어요.

　"우리 부모님이 귀족이니, 나도 귀족이야."

　"우리 아버지처럼 나도 관리가 되어 나랏일을 할 거야."

　또 귀족은 많은 땅과 노비를 가졌어요. 귀족은 노비나 자기 땅에 사는 농민에게 농사를 짓게 하고, 그 농작물 대부분을 가져갔어요. 또한 기와를 올린 크고 좋은 집에서 살았고, 맛있는 음식을 먹으며 지냈어요. 비단으로 만든 고운 옷을 입었고, 맡은 관직에 따라 옷의 색깔도 달랐답니다.

국가유산과 만나요

고구려 벽화에 담긴 귀족의 생활 모습

광대들의 공연을 감상하고 있는 귀족의 모습이 그려져 있어요. 신분이 낮은 광대들의 모습은 작게, 신분이 높은 귀족들의 모습은 크게 그렸어요.

수산리 고분 벽화의 '교예도' (모사화)

문제와 만나요 ……

1 빈칸에 들어갈 알맞은 낱말을 보기 에서 찾아 쓰세요.

보기   농민   신분   관직

(1) 귀족은 　　　　　　　을/를 자식에게 물려줄 수 있었어요.

(2) 귀족은 맡은 　　　　　　에 따라 옷의 색깔이 달랐어요.

(3) 귀족은 노비나 　　　　　　에게 농사를 짓게 하고, 그 농작물 대부분을 가져갔어요.

2 다음 신분과 어울리는 사람을 찾아 선을 이으세요.

(1) **귀족**   •   • 대부분의 보통 사람

(2) **평민**   •   • 전쟁에서 지거나 죄를 지은 사람

(3) **노비**   •   • 전쟁에서 활약한 사람, 힘이 센 집단에 속한 사람

3 삼국 시대 귀족에 대한 설명이 맞으면 ◯표, 틀리면 ✕표 하세요.

(1) 스스로 노력하면 귀족 신분이 될 수 있었어.

(2) 귀족은 크고 좋은 기와집에서 살았어.

(3) 귀족은 비단옷을 입고, 맛있는 음식을 먹으며 살았어.

삼국 시대 평민과 천민은 어떻게 살았을까요?

교과서와 만나요

▶ **특산물**
  └─○ **특별할 특**
  어떤 지역에서 특별하게 많이
  나거나 만들어지는 물건.

평민들은 대부분 농사를 짓는 농민이었어요. 주로 베로 만든 옷을 입었고 초가집에서 살았지요. 농민들은 나라에 곡물이나 옷감, **특산물** 같은 것을 세금으로 바쳤어요. 또, 궁궐을 짓거나 성을 쌓는 일에 불려 나갔고, 전쟁이 나면 군인이 되어 싸워야 했어요.

"휴, 세금을 왕창 가져가면 우린 뭘 먹고 사나."

노비는 가장 신분이 낮은 사람들이었어요. 노비는 귀족의 밭에서 일하거나, 주인의 집에서 주인을 위해 일하며 살았어요. 가난한 농민이 빚을 갚지 못해 노비가 되기도 했어요. 옛날에는 노비를 사람이 아닌 물건처럼 여겨서, 사고팔기도 했어요.

이야기와 만나요   **'가실과 설씨의 딸' 이야기**

《삼국사기》에는 전쟁터에 나간 가실을 기다리는 설씨의 딸 이야기가 기록되어 있어요.

신라 시대 가실이라는 청년은 설씨 대신에 군대에 가며 설씨의 딸과 거울을 나누어 가졌어요.	시간이 흘러도 가실이 돌아오지 않자 설씨는 딸에게 가실을 잊으라고 했어요.	6년 만에 돌아온 가실과 설씨의 딸은 거울을 맞춰 서로를 알아봤어요.

문제와 만나요 ……

1 빈칸에 들어갈 알맞은 낱말을 [보기]에서 찾아 쓰세요.

> **보기** 세금   농사   빚

(1) 삼국 시대 평민들은 대부분   을/를 짓는 농민이었어요.

(2) 가난한 농민이   을/를 갚지 못하면 노비가 되기도 했어요.

(3) 농민들은 나라에 곡물이나 옷감, 특산물 같은 것을   (으)로 바쳤어요.

2 다음에서 설명하는 신분은 무엇인지 쓰세요.

> 주인을 위해 일하며 살았어.

> 물건처럼 사고팔기도 했지.

> 신분이 가장 낮은 사람들이야.

3 평민의 삶을 설명한 내용에서 빈칸에 들어갈 알맞은 말을 쓰세요.

아버지 대신 군대에 가다니요.

기다려 주세요. 꼭 돌아올게요!

삼국 시대 평민들은 전쟁이 나면   이/가 되어 싸워야 했어요.

고구려의 무덤에서 무엇을 알 수 있을까요?

교과서와 만나요

▶ **벽화**
└ 그림 **화**

무덤 안이나 절, 궁궐의 벽에 중요한 이야기나 모습을 그림으로 남긴 것.

우리는 삼국 시대 사람들이 남긴 무덤과 그 안에 함께 묻은 물건들을 보며 그들의 생활 모습을 알 수 있어요. 또한 무덤 안쪽 벽이나 천장에 그려진 **벽화**를 통해서도 알 수 있답니다.

고구려의 수도가 있던 곳에는 많은 무덤이 남아 있어요. 어떤 무덤 안에는 돌로 만든 넓은 방이 있고, 방의 벽에는 여러 그림이 그려져 있지요. 고구려의 무용총이라는 무덤에는 주인이 손님에게 음식을 대접하는 장면이 그려져 있어요. 이 그림에는 신분이 높은 사람은 크게, 신분이 낮은 사람은 작게 그려져 있어요. 옛날 사람들은 이렇게 그림의 크기로 신분 차이를 표현하기도 했답니다.

또한 무용총에는 사냥하는 장면도 그려져 있어요. 말을 타고 달리면서 활을 쏘는 모습에서 고구려 사람들의 씩씩하고 용감한 모습을 짐작할 수 있지요.

국가유산과 만나요

무용총 접객도(모사화)

집 안에서 주인이 손님에게 음식을 대접하고 있는 모습을 그렸어요. 하인의 모습이 작게 그려진 걸 알 수 있어요.

고구려의 무용총 고분 벽화

무용총 수렵도

사냥하는 모습이 그려진 벽화예요. 선조들의 씩씩한 모습이 느껴지나요?

문제와 만나요......

1 빈칸에 들어갈 알맞은 낱말을 보기 에서 찾아 쓰세요.

보기 무덤 벽화 방

(1) 돌로 만든 넓은 　　　　　 이/가 있는 고구려의 무덤도 있어요.

(2) 삼국 시대 사람들이 남긴 　　　　　 와/과 그 안에 묻은 물건이 남아 있어요

(3) 무덤 안쪽 벽이나 천장에 그려진 　　　　　 을/를 통해 생활 모습을 알 수 있어요.

2 다음 벽화에 대한 설명으로 맞는 것을 모두 찾아 선을 이으세요.

(1) 무용총 접객도(모사화)

○　　　　　　　　○ 사냥하는 모습이 그려진 벽화예요.

　　　　　　　　　○ 신분에 따라 사람 크기를 다르게 그렸어요.

(2) 무용총 수렵도

　　　　　　　　　○ 고구려 사람들의 씩씩한 모습을 알 수 있어요.

○　　　　　　　　○ 주인이 손님을 대접하는 모습을 그린 벽화예요.

백제와 신라의 무덤에서 무엇을 알 수 있을까요?

교과서와 만나요

▶ **공예**
  └ **기술 예**

손이나 도구를 이용해 물건을 만들거나 꾸미는 기술.

백제의 대표적인 무덤, 무령왕릉은 중국 남조의 영향을 받아 벽돌로 쌓은 무덤이에요. 무령왕릉에서는 왕과 왕비의 금관 장식을 비롯한 여러 유물들이 나왔어요. 이 유물들을 보면 백제의 화려하고 섬세한 **공예** 기술을 알 수 있지요. 또한 여러 물건들을 통해 중국을 비롯한 다른 나라와 교류했다는 사실도 알 수 있답니다.

"중국의 동전과 중국식 청동 거울이 나온 걸 보니, 백제가 중국과 교류했구나."

신라 사람들은 나무로 방을 만들고 그 위에 돌을 쌓은 뒤, 흙으로 덮었어요. 이런 무덤은 도둑이 쉽게 도굴하지 못했지요. 금관총에서는 금으로 만든 관, 금 허리띠 같은 신라의 섬세한 공예 기술이 돋보이는 유물이 발견되었어요. 천마총에서는 천마도라는 그림이 발견되었어요.

국가유산과 만나요

무령왕릉

백제 무령왕과 왕비의 무덤이에요. 백제의 멋진 문화를 엿볼 수 있어요.

백제와 신라의 무덤

천마도

신라 무덤, 천마총에서 발견된 그림이에요. 하늘을 나는 말처럼 보이는 그림이 그려져 있어요.

문제와 만나요 ……

1 빈칸에 들어갈 알맞은 낱말을 [보기]에서 찾아 쓰세요.

| 보기 | 벽돌 | 돌 | 천마도 |

(1) 신라의 천마총에서는 _____ (이)라는 하늘을 나는 말 그림이 발견됐어요.

(2) 백제의 무령왕릉은 중국 남조의 영향을 받아 _____ (으)로 쌓은 무덤이에요.

(3) 신라 사람들은 나무로 방을 만들고, 그 위에 _____ 을/를 쌓은 뒤, 흙으로 덮어 무덤을 만들었어요.

2 다음 유물에 대한 설명에서 빈칸에 들어갈 말을 쓰세요.

금관총 금관   금관총 금제 허리띠

신라의 금관총이라는 무덤에서 나온 금관과 금 허리띠를 보면 신라의 섬세한 _____ 기술을 알 수 있어요.

3 다음 유물에 대한 설명에서 빈칸에 들어갈 말을 쓰세요.

무령왕릉 철 오수전   무령왕릉 청동 거울

백제의 무령왕릉에서 나온 중국 동전과 중국식 청동 거울을 보면 백제가 중국과 _____ 했다는 걸 알 수 있어요.

불교는 고구려와 백제 사람들의 생활에 어떤 영향을 끼쳤을까요?

교과서와 만나요

▶ 권위
  └ 판단할 **권**
  남을 지휘하거나 따르게 할 수 있는 힘.

불교는 사람들에게 마음의 평화를 주고, 착하게 살아야 한다는 가르침을 주는 종교였어요. 삼국의 왕들은 불교를 통해 백성들의 마음을 하나로 모으고, 백성들이 서로 사이좋게 지내기를 바랐지요. 또한 불교에서 왕은 '세상을 바르게 다스리는 큰 존재'라고 생각해서, 왕의 **권위**를 높이는 데 도움이 되었어요. 그래서 삼국의 왕들은 백성들이 자연스럽게 불교를 믿고 따르도록 이끌었어요.

"부처님의 가르침으로 우리 모두 하나가 되자고."

"절에 가서 부처님께 빌고 나면, 마음이 한결 편해져."

고구려는 소수림왕 때 삼국 중에서 가장 먼저 불교를 받아들였어요. 백제는 침류왕 때 중국에서 불교를 받아들였어요. 왕실의 위엄을 세우기 위해 수도와 지방의 중심지에 큰 절을 세우고, 백성들이 불교를 믿도록 장려했지요.

국가유산과 만나요 　　　　　　　 고구려와 백제의 불교 국가유산

연가 7년명 여래 입상	서산 용현리 마애 여래 삼존상	익산 미륵사지 석탑

연가 7년명 여래 입상

고구려의 대표적인 불상이에요. 뒷면에 만들어진 년도가 적혀 있어요.

백제의 대표적인 불상이에요. 부처 세 분의 따뜻한 미소가 '백제의 미소'라고도 불려요.

익산 미륵사지 석탑

백제가 만든 우리나라에서 가장 오래된 돌탑이에요. 백제의 뛰어난 기술을 보여 줘요.

문제와 만나요......

1 빈칸에 들어갈 알맞은 낱말을 보기에서 찾아 쓰세요.

보기   고구려   불교   권위

(1) 불교는 왕의 ＿＿＿＿＿＿＿ 을/를 높이는 데 도움이 되었어요.

(2) ＿＿＿＿＿＿＿ 은/는 삼국 중 가장 먼저 불교를 받아들인 나라예요.

(3) 삼국의 왕들은 ＿＿＿＿＿＿＿ 을/를 통해 백성들의 마음을 하나로 모으려고 했어요.

2 다음 불교 국가유산은 어느 나라가 만들었는지 나라 이름을 쓰세요.

연가 7년명 여래 입상

서산 용현리
마애 여래 삼존상

3 다음 탑에 대한 설명이 맞으면 ◯표, 틀리면 ✕표 하세요.

익산 미륵사지 석탑

(1) 백제가 만든 우리나라에서 가장 오래된 돌탑이야.

(2) 뒷면에 만들어진 년도가 적혀 있어.

신라는 어떻게 불교를 받아들였을까요?

교과서와 만나요

▶ **절**
부처를 모시고 수행하거나 기도하는 곳.

▶ **탑**
부처의 사리를 보관하거나, 부처의 공덕을 기리는 건축물.

신라는 삼국 가운데 가장 늦게 불교를 받아들였어요. 신라의 법흥왕은 불교를 받아들이고 싶었지만, 많은 귀족이 반대했어요. 신라의 귀족들은 오랫동안 하늘과 조상을 섬기는 전통 신앙을 믿었어요. 그래서 불교가 낯설었지요. 또한 불교가 왕의 권위를 더 높일까 봐 걱정되었어요. 왕의 힘이 커지면, 귀족들의 힘이 약해진다고 생각했던 거예요. 그때 이차돈이 법흥왕에게 말했어요.

"저를 죽이시면 기적이 일어나, 사람들이 불교를 믿게 될 것입니다."

왕은 눈물을 머금고 이차돈을 처형했어요. 그런데 정말로 이차돈을 베자 목에서 흰 피가 솟구치고 하늘에서는 꽃비가 내렸다고 해요. 놀란 사람들은 그 뒤로 더 이상 불교를 반대하지 않았답니다. 신라에는 지금도 오래된 **절**과 **탑**이 많이 남아 있어요.

국가유산과 만나요

신라의 불교 국가유산

분황사 모전 석탑

신라 시대에 세운 특별한 돌탑이에요. 돌을 벽돌처럼 네모나게 다듬어 쌓아서 '모전 석탑'이라 불려요. 모전은 벽돌 모양이라는 뜻이에요.

황룡사 9층 목탑(복원도)

신라의 나무 탑이에요. 고려 시대 몽골의 침입으로 불에 탔지만, 그림과 모형으로 옛 모습을 볼 수 있어요.

문제와 만나요

1 빈칸에 들어갈 알맞은 낱말을 보기 에서 찾아 쓰세요.

> **보기**   신라   목탑   벽돌

(1) _____ 은/는 삼국 가운데 가장 늦게 불교를 받아들였어요.

(2) 황룡사 9층 _____ 은/는 고려 시대 몽골의 침입으로 불에 탔어요.

(3) 분황사 모전 석탑은 돌을 _____ 처럼 네모나게 다듬어 쌓아 올린 탑이에요.

2 다음과 같은 말을 한 신라 사람은 누구인지 이름을 쓰세요.

[   ]

저를 죽이시면 기적이 일어나, 사람들이 불교를 믿게 될 것입니다.

3 삼국에 불교가 전파된 순서대로 나라 이름을 쓰세요.

고구려는 소수림왕이 불교를 받아들였어.

백제는 침류왕이 불교를 받아들였어.

신라는 이차돈의 희생으로 법흥왕이 불교를 받아들였어.

[   ] → [   ] → [   ]

삼국 시대의 과학 기술을 어떻게 알 수 있을까요?

교과서와 만나요

▶ **천문대**
  └→ 하늘 **천**
  별과 하늘을 관찰하는 곳.

삼국 시대 사람들은 왕의 권위가 하늘과 이어져 있다고 생각했어요. 또 농사일이 날씨에 영향을 많이 받았기 때문에 하늘의 변화를 잘 살펴보았어요. 고구려 사람들은 무덤 벽에 별자리를 그려 넣었고, 신라 사람들은 별을 보기 위해 경주에 첨성대를 세웠지요.

"별자리를 보며 농사에 도움이 되는 정보를 얻을 수 있어."

첨성대는 우리나라에서 가장 오래된 **천문대**로, 신라 사람들이 하늘을 연구한 지혜를 보여 주는 소중한 문화유산이에요.

또한 삼국 시대에는 금속을 다루는 공예 기술이 발달했어요. 왕이나 귀족이 쓰는 금관이나 여러 가지 장신구를 만들었지요. 그중 대표적인 것이 백제 금동대향로예요. 백제 금동대향로는 연꽃 위에 산처럼 생긴 뚜껑이 있고, 그 위에 신선과 동물들이 가득해요. 용이 몸통을 받치고 있고, 맨 위에는 봉황이 있어요. 향을 피우면 연기와 함께 신선의 세계가 펼쳐지는 것처럼 보이지요.

국가유산과 만나요

삼국의 문화유산

첨성대

첨성대는 신라 시대에 별을 관찰하던 곳이에요. 경주에 있으며, 동아시아에서 가장 오래된 천문대예요.

백제 사람들이 만든 향을 피우는 향로예요. 백제의 뛰어난 공예 기술을 보여 줘요.

백제 금동대향로

문제와 만나요......

1 빈칸에 들어갈 알맞은 낱말을 보기 에서 찾아 쓰세요.

보기   변화   첨성대   신선

(1) _____ 은/는 우리나라에서 가장 오래된 천문대예요.

(2) 삼국 시대 사람들은 하늘의 _____ 을/를 잘 살펴보았어요.

(3) 백제 금동대향로는 향을 피우면 연기와 함께 _____ 의 세계가 펼쳐지는 것처럼 보여요.

2 다음 국가유산은 어느 나라가 만들었는지 나라 이름을 쓰세요.

(1)

첨성대

(2)

금동대향로

3 삼국 시대 과학 기술에 대한 설명이 맞으면 ○표, 틀리면 ×표 하세요.

(1) 하늘의 별자리를 보며 농사에 도움이 되는 정보를 얻었어.

(2) 첨성대는 백제 사람들이 별을 보기 위해 세웠어.

(3) 백제 금동대향로는 뛰어난 공예 기술을 보여 줘.

삼국과 가야는 어떤 나라들과 교류하였을까요?

교과서와 만나요

▶ 서역
└─ 서쪽 서

중국의 서쪽에 있는 먼 나라들을 가리킬 때 사용한 말.

삼국과 가야는 주변 나라들과 교류하며 문화를 발전시켰어요. 중국에서 전해진 유교, 불교, 한자, 과학 기술은 삼국과 가야의 발전에 큰 영향을 주었지요.

삼국은 먼 서역과도 교류했어요. 고구려의 고분 벽화에는 **서역**에서 온 듯한 사람들이 그려져 있어요. 또 지금의 우즈베키스탄 지역 벽화에는 고구려 사신으로 보이는 사람이 그려져 있기도 해요. 신라의 무덤에서는 서역에서 온 유리그릇과 금으로 장식된 검이 발견되었어요.

삼국과 가야는 왜(일본)와도 활발히 교류했어요. 삼국 시대에 만들어진 금동 미륵보살 반가사유상과 닮은 모양의 불상이 일본에도 있어요. 고구려 수산리 고분 벽화에 나온 여인의 옷차림과 비슷한 모양이 일본 벽화 속에도 있지요. 또 가야의 토기는 일본의 토기에 영향을 주었다고 해요.

국가유산과 만나요

삼국과 서역의 교류

황남대총 출토 유리그릇

이 유리그릇은 서역에서 온 물건이에요.

아프라시아브 궁전 벽화(모사화)

고구려 사신으로 추정되는 사람이 그려져 있어요.

문제와 만나요......

1 빈칸에 들어갈 알맞은 낱말을 보기 에서 찾아 쓰세요.

보기 중국   서역   일본

(1) 가야의 토기는 　　　　　　의 토기에 영향을 주었어요.

(2) 신라의 무덤에서 발견된 유리그릇은 　　　　　　에서 온 물건이에요.

(3) 　　　　　　에서 전해진 유교, 불교, 한자, 과학 기술은 삼국과 가야의 발전에 큰 영향을 주었어요.

2 다음 국가유산에 대한 설명에서 빈칸에 들어갈 알맞은 말을 쓰세요.

금동 미륵보살 반가사유상

삼국 시대에 만들어진 금동 미륵보살 반가사유상과 닮은 모양의 불상이 　　　　　　에도 있어요.

3 삼국과 가야의 교류에 대한 설명이 맞으면 ◯표, 틀리면 ×표 하세요.

(1) 삼국은 먼 서역과도 교류했어.

(2) 삼국과 가야는 주변 나라와 교류하며 발전했어.

(3) 삼국은 주로 가까운 나라와만 교류했어.

삼국 시대 신분과 생활

신분	귀족	평민	노비
생활 모습	• 신분을 자식에게 물려줄 수 있고, 나라의 중요한 일을 맡음. • 많은 땅과 노비를 갖고, 농민이 지은 곡식을 가져감.	• 보리, 조 같은 곡식을 먹고, 베로 만든 옷을 입음. • 초가집에서 살고, 세금을 내고, 노동과 전쟁에 참여함.	• 귀족 집에서 일하거나 밭에서 일함. • 주인의 물건처럼 여겨져 사고팔기도 함.

삼국의 고분과 불교문화

시대	고구려	백제	신라
고분	• 무용총 접객도: 신분 차이를 크기로 표현함. • 수렵도: 말을 타고 활을 쏘는 모습	• 무령왕릉: 중국 남조의 영향으로 벽돌로 쌓은 무덤 • 주변 나라와의 교류	• 금관, 금 허리띠 등 뛰어난 공예 기술
불교 문화	• 소수림왕 때 불교 수용함. • 연가 7년명 여래 입상	• 침류왕 때 불교 수용함. • 서산 용현리 마애 여래 삼존상, 익산 미륵사지 석탑	• 법흥왕 때 불교 수용함. • 분황사 모전 석탑, 황룡사 9층 목탑

삼국의 과학 기술과 교류

삼국의 과학 기술

천문 관측	금속 공예
• 왕의 권위와 농사를 위해 하늘을 중요하게 여김. • 고구려 무덤 벽화에 별자리 그림 • 신라 첨성대: 동아시아에서 가장 오래된 천문대	• 왕과 귀족이 착용하는 금관, 허리띠 등 다양한 장신구 • 백제 금동대향로: 연꽃·산·신선·동물이 새겨진 정교한 향로

삼국의 교류

교류한 곳	중국	서역	일본
교류 내용	• 유교, 불교, 한자, 과학 기술 등	• 고구려 벽화에 서역 사람 등장함. • 우즈베키스탄 벽화에 고구려 사신 그림 • 신라 황남대총: 서역에서 온 유리그릇과 금 장식 검 발견함.	• 금동 미륵보살 반가사유상과 일본 불상이 비슷함. • 고구려 수산리 벽화의 옷차림이 일본 벽화와 닮았음. • 가야의 토기가 일본 토기에 영향을 줌.

문제로 확인해요

1 삼국 시대 귀족의 생활 모습으로 알맞은 것을 고르세요. [　　]

① 농사를 짓기 위해 땅을 빌렸어요.

② 곡식과 옷감을 세금으로 바쳤어요.

③ 초가집에 살며 벼농사를 지었어요.

④ 비단옷을 입고 맛있는 음식을 먹었어요.

2 다음에서 설명하는 신분으로 알맞은 것을 고르세요. [　　]

주로 농사를 지으며 살았고,
나라에 곡물이나 옷감, 특산물을 바쳤어.

① 귀족　　　　② 평민　　　　③ 노비　　　　④ 왕

3 다음 고구려의 벽화를 통해 알 수 있는 것을 고르세요. [　　]

무용총 접객도(모사화)

① 향을 피우는 향로가 있어요.

② 신라 무덤에서 발견되었어요.

③ 무덤 안에 별자리가 그려져 있어요.

④ 신분이 높은 사람은 크게, 낮은 사람은 작게 그렸어요.

4 다음에서 설명하는 국가유산은 무엇인지 고르세요.   [   ]

> -백제 무령왕과 왕비의 무덤이에요.
> -중국 남조의 영향을 받아 벽돌로 쌓았어요.
> -백제가 중국을 비롯한 다른 나라와 교류했다는 사실을 알 수 있어요.

① 무령왕릉   ② 수산리 고분 교예도

③ 첨성대   ④ 익산 미륵사지 석탑

5 삼국의 왕들이 불교를 받아들인 이유를 고르세요.   [   ]

① 부처님을 직접 만나기 위해서

② 절을 많이 지어서 나라의 건축 기술을 발전시키기 위해서

③ 백성들의 마음을 하나로 모으고 왕의 권위를 높이기 위해서

④ 백성들에게 새로운 종교를 강제로 믿게 해서 돈을 걸으려고

6 다음 탑에 대한 설명으로 틀린 것을 고르세요.   [   ]

황룡사 9층 목탑(복원도)

① 몽골의 침입으로 불에 타 무너졌어요.

② 신라 시대에 세워진 높은 나무 탑이에요.

③ 현재까지 원래 모습 그대로 남아 있어요.

④ 신라의 불교문화를 보여 주는 대표적인 건축물이에요.

7 다음 각 나라의 불교 국가유산과 설명을 찾아 선을 이으세요.

(1)

고구려 •

• 연가 7년명 여래 입상 •

• 뒷면에 만들어진 년도 가 적혀 있어요.

(2)

백제 •

• 분황사 모전 석탑 •

• 부처 세 분의 미소를 백제의 미소라고 불러요.

(3)

신라 •

• 서산 용현리 마애 여래 삼존상 •

• 돌을 벽돌처럼 네모나게 다듬어 쌓았어요.

8 삼국이 서역과 교류했음을 알 수 있는 국가유산은 무엇인지 고르세요. [   ]

① 무용총 수렵도

② 천마도

③ 황남대총 출토 유리그릇

④ 금관총 금관

서동과 미륵사 이야기

옛날 백제에는 서동이라는 소년이 살고 있었어요. 잘생기고 마음씨도 착한 서동은 사실 왕족이었지만, 아무도 몰랐지요. 서동은 매일 산과 들을 다니며 마를 캐서 팔고, 힘들지만 성실하게 살았어요. 서동에게는 큰 꿈이 하나 있었어요. 바로 신라의 선화 공주와 결혼하는 것이었지요.

하지만 왕자도 아닌 서동이 어떻게 공주와 결혼할 수 있을까요? 서동은 기발한 방법을 생각해 냈어요. 신라로 가서 아이들에게 재미있는 노래를 가르쳤어요.

"선화 공주님은 서동 오빠랑 놀러 다닌대요."

이 노래는 입에서 입으로 퍼져 나갔고, 결국 어른들 귀에까지 들어갔어요. 신라 사람들은 공주가 백제 사람과 어울린다고 화를 내며, 선화 공주를 궁에서 쫓아냈어요. 슬픔에 빠진 공주 앞에 서동이 나타났어요. 서동은 공주를 따뜻하게 맞이하고, 두 사람은 함께 백제로 돌아왔어요. 나중에 서동은 백제의 무왕이 되었어요.

왕이 된 뒤, 무왕이 부인과 함께 사자사에 가려고 길을 떠났어요. 그런데 용화산 아래 큰 연못에 이르렀을 때, 갑자기 못 가운데서 미륵삼존이 나타났어요. 깜짝 놀란 무왕은 수레를 멈추고 절을 올렸어요. 그 모습을 본 부인이 말했어요.

"이곳에 꼭 큰 절을 지어 주세요. 그게 제 소원이에요."

무왕은 부인의 소원을 들어주기로 하고, 지명법사에게 방법을 물었어요. 그러자 법사는 신비한 힘으로 산을 무너뜨려 못을 메우고 평지로 만들었어요. 그 위에 절과 탑을 세우고, 절 이름을 미륵사라고 했지요. 지금도 미륵사의 흔적이 남아 있어, 백제 사람들의 믿음과 정성을 느낄 수 있어요.

		1			2	
3				4		
					5	
	6					
7			8			

다음 문제에 알맞은 답을 가로세로 퍼즐에 써서 퍼즐을 완성해 보세요.

세로열쇠

1 백제의 뛰어난 공예 기술을 보여 주는 향을 피우는 정교한 그릇은 무엇일까요?

2 하늘을 나는 말 그림이 발견된 신라의 무덤은 무엇일까요?

5 신라에서 불교를 수용한 왕의 이름은 무엇일까요?

6 '익산 미륵사지 ○○은' 우리나라에서 가장 오래된 돌탑이에요. ○○에 들어갈 말은 무엇일까요?

가로열쇠

3 삼국 시대 별을 관찰하기 위해 신라 사람들이 세운 건물은 무엇일까요?

4 말을 타고 활을 쏘는 모습이 그려진 고구려의 무덤은 무엇일까요?

7 '황룡사 9층 ○○은' 신라의 나무 탑이에요. ○○에 들어갈 말은 무엇일까요?

8 백제의 왕과 왕비가 묻힌, 벽돌로 쌓은 무덤은 무엇일까요?

4단원

삼국 통일과 발해

고구려는 수와 당의 침략을 어떻게 막아 냈을까요?

교과서와 만나요

▶ **대첩**
  └→ 이길 **첩**
  전쟁에서 아주 크게 이긴 싸움.

　수나라는 혼란스럽던 중국을 통일한 뒤, 고구려를 정복하려고 했어요. 수나라의 황제가 무려 113만 명의 군대를 이끌고 고구려를 침입했지요. 하지만 고구려의 장군 을지문덕은 수나라를 청천강(살수)으로 유인했어요. 수나라 군대는 강을 건너다가 크게 패배하고 말았지요. 고구려가 수나라를 상대로 크게 이긴 이 싸움을 **살수대첩**이라고 불러요.

　고구려와의 전쟁에서 패한 수나라는 결국 멸망했어요. 그 뒤를 이어 당나라가 중국을 통일했어요. 당나라도 고구려를 정복하려고 군사를 이끌고 쳐들어왔어요. 그러나 고구려 군대는 안시성에서 용감하고 끈질기게 성을 지키며 당나라의 공격을 막아 냈어요. 이 싸움을 안시성 전투라고 해요. 결국 전쟁에서 진 채 돌아간 당나라의 황제는 죽기 전에 이렇게 말했다고 해요

　"고구려는 쉽게 이길 수 있는 나라가 아니다. 다시는 고구려를 공격하지 말아라."

인물과 만나요

을지문덕

을지문덕은 고구려의 이름난 장군이에요. 뛰어난 전략으로 수나라 군대를 살수에서 크게 무찔러 살수대첩을 승리로 이끌었어요.

을지문덕 흉상

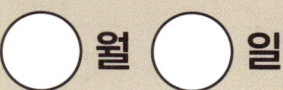
문제와 만나요……

1 빈칸에 들어갈 알맞은 낱말을 보기 에서 찾아 쓰세요.

보기	살수대첩 안시성 수나라

(1) 고구려가 당나라를 물리친 전투를 ⬚⬚⬚⬚⬚⬚ 전투라고 해요.

(2) 고구려가 수나라를 상대로 크게 이긴 싸움을 ⬚⬚⬚⬚⬚⬚ (이)라고 불러요.

(3) ⬚⬚⬚⬚⬚⬚ 은/는 혼란스럽던 중국을 통일한 뒤, 고구려를 정복하려고 했어요.

2 다음 사건이 일어난 순서에 맞게 기호를 쓰세요.

㉠ 수나라의 뒤를 이어 당나라가 고구려를 쳐들어왔어요.

㉡ 고구려는 안시성에서 당나라 군대의 공격을 막아 냈어요.

㉢ 고구려의 장군 을지문덕이 청천강(살수)에서 수나라를 물리쳤어요.

㉣ 수나라의 황제는 무려 113만 명의 군대를 이끌고 고구려를 침입했어요.

⬚ → ⬚ → ⬚ → ⬚

3 다음 빈칸에 공통으로 들어갈 나라 이름을 쓰세요.

⬚⬚⬚⬚⬚ 은/는 쉽게 이길 수 있는 나라가 아니다. 다시는 ⬚⬚⬚⬚⬚ 을/를 공격하지 말아라.

당나라 황제

신라와 당나라는 어떻게 동맹을 맺었을까요?

교과서와 만나요

▶ **탈출**
└○ 벗을 **탈**
위험하거나 갇힌 곳에서 빠져 나오는 것.

고구려가 북쪽에서 수나라와 당나라의 침략을 막아 내고 있을 때, 백제는 남쪽에서 신라를 계속 공격했어요. 백제의 공격으로 어려움에 빠진 신라는 김춘추를 고구려에 보내 동맹을 맺으려고 했어요. 하지만 고구려의 연개소문은 신라의 요청을 거절했어요. 오히려 김춘추를 감옥에 가두었지요. 김춘추는 어렵게 **탈출**하여 신라로 돌아왔어요.

신라는 이번에는 김춘추를 당나라에 보내 동맹을 요청했어요. 고구려와의 전쟁에서 여러 번 패한 당나라는 신라의 제안을 받아들였어요. 이렇게 신라와 당나라가 '나당 동맹'을 맺어 힘을 합치기로 했어요. 두 나라는 함께 백제와 고구려를 무너뜨리고, 땅을 나누어 가지기로 약속했지요.

"고구려와 백제 두 나라를 멸망시키면 대동강 북쪽의 땅은 당나라가 갖도록 하시오."

곧이어 김춘추는 신라의 왕이 되어 '태종 무열왕'이라 불렸어요.

국가유산과 만나요   무열왕릉

신라의 태종 무열왕, 김춘추의 무덤이에요. 김춘추는 당나라와 동맹을 맺고 삼국 통일의 길을 열었어요.

문제와 만나요 ……

1 빈칸에 들어갈 알맞은 낱말을 보기 에서 찾아 쓰세요.

> **보기**   김춘추   당나라   연개소문

(1) _____ 은/는 신라의 제안을 받아들여 힘을 합치기로 했어요.

(2) 백제의 공격으로 어려움에 빠진 신라는 _____ 을/를 고구려에 보냈어요.

(3) 고구려의 _____ 은/는 신라의 요청을 거절하고 김춘추를 감옥에 가두었어요.

2 신라와 당나라가 맺은 동맹의 이름을 쓰세요.

함께 힘을 합쳐 고구려와 백제를 멸망시킵시다!

좋소! 그럼 대동강 북쪽의 땅을 주시오!

3 김춘추의 업적에 대한 설명이 맞으면 ○표, 틀리면 ×표 하세요.

(1) 신라가 어려움에 빠졌을 때 백제에 가서 도움을 요청했어.

(2) 당나라에 가서 신라와 당나라가 힘을 합치도록 했어.

(3) 신라의 왕이 되어 '진흥왕'이라 불렸어.

백제는 어떻게 멸망했을까요?

교과서와 만나요

▶ **결사대**
└─ **결단할 결**
나라를 위해 목숨을 걸고 싸우겠다고 결심한 군대.

　나당 연합군은 먼저 백제를 공격했어요. 김유신 장군이 이끄는 5만 명의 신라 군대가 황산벌에서 백제의 계백 장군과 맞서게 되었어요. 계백 장군은 나라를 지키기 위해 5천 명의 **결사대**와 죽음을 각오하고 싸웠어요.

　"옛날 중국에서는 5천 명의 군대로 70만 대군을 격파했다. 우리도 승리해서 나라의 은혜에 보답하자!"

　계백 장군의 용기는 백제의 사기를 높였어요. 신라는 백제를 쉽게 이길 수 없었지요. 이때 신라의 어린 화랑 관창이 용감하게 나섰다가 붙잡혔어요. 계백 장군은 관창의 용기에 감동해 살려 보냈지요. 하지만 관창은 다시 싸움터로 나왔고 결국 죽음을 맞이했어요. 관창이 죽자 신라는 싸우려는 의지가 불끈 생겼어요.

　"관창의 죽음이 헛되지 않도록 반드시 이기자!"

　마침내 신라는 황산벌 전투에서 승리했어요. 그 뒤 나당 연합군은 백제의 수도 사비성을 공격해서 백제를 멸망시켰어요.

국가유산과 만나요

계백 장군 유적지

충청남도 논산에는 백제를 지키려고 싸운 계백 장군을 기리는 유적지가 있어요. 나라를 위한 희생과 용기를 배울 수 있는 곳이에요.

계백 장군 동상

문제와 만나요……

1 빈칸에 들어갈 알맞은 낱말을 [보기]에서 찾아 쓰세요.

> [보기] 백제   관창   김유신

(1) 나당 연합군은 먼저   을/를 공격했어요.

(2)   장군은 5만 명의 신라 군대를 이끌고 황산벌에서 백제와 맞섰어요.

(3) 신라의 어린 화랑   은/는 나라를 위해 목숨을 다해 싸우다 죽음을 맞이했어요.

2 다음은 누가 한 말인지 인물의 이름을 쓰세요.

> 옛날 중국에서는 5천 명의 군대로 70만 대군을 격파했다. 우리도 승리해서 나라의 은혜에 보답하자!

3 다음 사건이 일어난 순서에 맞게 기호를 쓰세요.

㉠ 관창이 죽자 신라는 싸우려는 의지가 생겼어요.

㉡ 신라의 어린 화랑 관창이 용감하게 싸우다가 죽음을 맞이했어요.

㉢ 나당 연합군이 백제의 수도 사비성을 공격해서 백제를 멸망시켰어요.

㉣ 백제가 5천 명의 결사대를 이끌고 싸워 신라군이 쉽게 이기지 못했어요.

고구려는 어떻게 멸망했을까요?

교과서와 만나요

▶ **연합군**
  └ 이을 **연**
  여러 나라가 힘을 합친 군대.

백제가 멸망한 이후, 나당 **연합군**은 고구려를 공격했어요. 이전에 고구려는 수나라와 당나라의 침입을 막아 냈지만, 긴 전쟁으로 지쳐 있었어요. 엎친 데 덮친 격으로 나라를 이끌던 연개소문이 세상을 떠났지요. 연개소문의 세 아들은 서로 권력을 차지하려고 싸우기 시작했어요.

"형이 혼자 권력을 차지하게 둘 수 없어!"

"동생들을 믿을 수 없어. 내 뒤통수를 칠지 몰라!"

서로를 의심하고 다투는 바람에 고구려는 혼란에 빠졌어요. 나당 연합군은 이 틈을 놓치지 않고 고구려를 공격했어요. 고구려 군사들이 버텼지만 나라를 지킬 수 없었지요. 결국 668년, 수도 평양성이 무너지며 고구려는 멸망하고 말았어요.

이렇게 백제와 고구려가 모두 사라지면서, 오랫동안 이어졌던 삼국 시대는 끝이 났답니다.

국가유산과 만나요

평양성

평양성은 강과 산이 어우러진 천연 요새였어요. 오랜 세월 고구려 왕들이 머물며 문화를 꽃피운 역사 깊은 수도였답니다.

평양성 보통문

문제와 만나요......

1 빈칸에 들어갈 알맞은 낱말을 보기 에서 찾아 쓰세요.

> 보기   삼국 시대   연합군   연개소문

(1) 백제와 고구려가 모두 사라지면서 _____ 은/는 끝이 났어요.

(2) 백제가 멸망한 뒤에, 나당 _____ 이/가 고구려를 공격했어요.

(3) 고구려를 이끌던 _____ 이/가 죽자, 고구려는 혼란에 빠졌어요.

2 고구려가 멸망하게 된 가장 큰 원인을 고르세요.   [   ]

① 백제가 고구려를 공격해서

② 신라의 왕이 갑자기 바뀌어서

③ 연개소문의 세 아들이 신라를 도와서

④ 연개소문의 세 아들이 권력을 차지하려고 싸워서

3 고구려의 멸망 과정에 대한 설명이 맞으면 ○표, 틀리면 ×표 하세요.

(1) 고구려는 수나라, 당나라와 전쟁하며 지쳐 있었어.

(2) 나당 연합군과 싸우다가 연개소문이 죽었어.

(3) 고구려의 수도였던 평양성이 무너지면서 고구려가 멸망했어.

신라는 어떻게 완전한 삼국 통일을 이루었을까요?

교과서와 만나요

▶ **한반도**
└→ 한국 한
우리나라 국토를 이르는 말.

　백제와 고구려가 멸망하자, 당나라는 신라와의 약속을 지키지 않았어요. 원래는 함께 싸운 뒤에 땅을 나누기로 했지만, 당나라는 **한반도** 전체를 차지하려고 했어요.

　신라는 당나라와 싸우기로 결심했어요. 옛 백제와 고구려 사람들의 마음을 얻어 힘을 하나로 모았지요. 이렇게 신라와 당나라 사이에 '나당 전쟁'이 벌어졌어요.

　태종 무열왕의 뒤를 이어 왕이 된 문무왕은 장군들과 함께 당나라에 맞서 끝까지 싸웠어요. 신라는 매소성과 기벌포에서 치열한 전투를 벌였고, 마침내 당나라를 물리쳐 대동강 남쪽에서 그 세력을 모두 몰아냈어요. 마침내 신라가 완전한 삼국 통일을 이룬 거예요.

　삼국 통일을 이룬 문무왕은 자신이 죽으면 바다에 무덤을 만들라고 했어요.

　"죽어서도 바다의 용이 되어 우리 신라를 지키겠다."

국가유산과 만나요　　　　　　　　　　　**경주 문무대왕릉**

삼국을 통일한 문무왕의 무덤이에요. 문무왕은 죽어서도 용이 되어 나라를 지키고 싶어 했어요. 그래서 바다에 무덤을 만들게 했지요.

문제와 만나요 ......

1 빈칸에 들어갈 알맞은 낱말을 보기 에서 찾아 쓰세요.

> **보기** 당나라   나당 전쟁   삼국 통일

(1) 신라와 당나라가 싸운 전쟁을   (이)라고 해요.

(2) 신라는 당나라를 몰아내고 마침내 완전한   을/를 이루었어요.

(3) 백제와 고구려가 멸망하자,   은/는 신라와의 약속을 지키지 않았어요.

2 나당 전쟁이 일어난 순서에 맞게 기호를 쓰세요.

ㄱ 신라는 대동강 남쪽에서 당나라를 모두 몰아냈어요.

ㄴ 신라는 매소성과 기벌포에서 당나라와 전투를 벌였어요.

ㄷ 당나라는 땅을 나누지 않고 한반도 전체를 차지하려고 했어요.

ㄹ 신라는 당나라에 맞서 싸우기로 결심하고, 옛 백제와 고구려 사람들의 힘을 모았어요.

[   ] → [   ] → [   ] → [   ]

3 다음은 누가 한 말인지 인물의 이름을 쓰세요.

[   ]

> 죽어서도 바다의 용이 되어
> 우리 신라를 지키겠다.

신라의 삼국 통일은 어떤 의미가 있을까요?

교과서와 만나요

▶ 통일
└ 하나 일

나뉘어 있던 나라나 지역이 하나로 뭉치는 것.

신라는 백제와 고구려를 멸망시키고, 당나라와의 전쟁에서도 이겨 마침내 삼국 **통일**을 이루었어요. 이렇게 삼국 시대가 끝나고 하나의 나라로 모이게 된 것은 우리 역사에서 아주 중요한 일이에요.

삼국이 하나로 통일되자 더 이상 큰 전쟁이 일어나지 않았고, 백성들은 좀 더 평화로운 삶을 살 수 있게 되었어요. 또 여러 나라로 나뉘어 있던 문화와 기술이 하나로 모이면서 더 크게 발전할 수 있었어요.

그러나 신라가 이룬 통일은 완벽하지는 않았어요. 당나라와 힘을 합쳤기 때문에 고구려의 옛 땅 일부를 당나라에 내줄 수밖에 없었어요. 신라는 그 땅을 되찾지 못했지요.

그래도 신라의 삼국 통일은 우리 민족이 하나로 뭉치는 데 큰 밑바탕이 되었어요.

국가유산과 만나요

감은사지

문무왕의 아들 신문왕이 아버지의 뜻을 기리며 지은 절이 있던 터예요. 부처의 힘을 빌려 왜의 침략을 막기 위해 지었어요.

문제와 만나요 ……

1 빈칸에 들어갈 알맞은 낱말을 보기 에서 찾아 쓰세요.

> 보기 │ 발전   전쟁   고구려

(1) 신라는 _____ 의 옛 땅 일부는 되찾지 못했어요.

(2) 신라가 삼국을 통일하면서 문화와 기술이 더 _____ 할 수 있었어요.

(3) 삼국이 하나로 통일되자 더 이상 큰 _____ 이/가 일어나지 않았어요.

2 신라의 삼국 통일을 어떻게 생각하는지 괄호에 ◯표 한 뒤 이유를 쓰세요.

> 당나라의 힘을 빌리기는 했지만,
> 신라가 처음으로 우리 민족을
> 통일한 일은 잘한 일이야.

> 신라의 통일은 자주적이지 못한 통일이야.
> 신라가 당을 끌어들였기 때문에
> 고구려 영토의 대부분을 잃었어.

나는 삼국 통일은 (잘한 일이라고 / 자주적이지 못한 일이라고) 생각해요.

왜냐하면 _____

3 다음은 누가 한 말인지 인물의 이름을 쓰세요.

◻

> 아버지의 뜻을 기리고,
> 부처님의 힘을 빌려 왜의 침략을
> 막기 위해 감은사를 지어라!

발해는 어떻게 등장하였을까요?

교과서와 만나요

▶ 유민
└─ 남을 유
나라가 망한 뒤 남겨진 백성들.

고구려가 멸망한 뒤, 많은 고구려 사람들은 당나라에 끌려가 힘들게 살았어요. 그 가운데 고구려 장수였던 대조영도 있었어요. 어느 날, 대조영은 고구려 **유민**들과 말갈 사람들을 이끌고 당나라를 빠져나왔어요.

대조영은 쫓아오는 당나라 군대와 싸워 이겼어요. 그러고는 따르는 사람들과 함께 동모산에 도착했지요. 대조영은 그곳에서 고구려 사람들, 그리고 말갈 사람들과 함께 '발해'라는 나라를 세웠어요. 발해는 점점 커졌고, 당나라와 신라는 발해를 어엿한 나라로 인정했지요. 대조영과 백성들은 발해가 고구려를 이은 나라라고 생각했어요.

이처럼 남쪽에는 신라, 북쪽에는 발해가 함께 존재하던 시기를 남북국 시대라고 불러요. 두 나라는 같은 시기에 서로 다른 지역을 다스리며 발전했어요.

인물과 만나요

발해를 세운 대조영

거란
당
영주
천문령
동모산
발해
신라

발해 건국
(698년)

천문령 전투

대조영이 고구려
유민을 이끌고 이동함.
(696년)

대조영은 고구려 유민과 말갈 사람들을 이끌고 동쪽으로 이동했어요. 그는 천문령에서 당나라 군대와 싸워 이겼지요. 그 힘을 바탕으로 마침내 동모산에서 발해를 세웠답니다.

문제와 만나요......

1 빈칸에 들어갈 알맞은 낱말을 [보기]에서 찾아 쓰세요.

> **보기** 당나라 고구려 남북국

(1) 고구려가 멸망하고, 많은 고구려 사람들이 ＿＿＿＿＿＿＿에 끌려갔어요.

(2) 대조영과 백성들은 발해가 ＿＿＿＿＿＿＿을/를 이은 나라라고 생각했어요.

(3) 남쪽에는 신라, 북쪽에는 발해가 함께 존재하던 시기를 ＿＿＿＿＿＿ 시대라고 불러요.

2 발해의 건국을 일이 일어난 순서에 맞게 기호를 쓰세요.

ㄱ 대조영은 쫓아오는 당나라 군대와 싸워 이겼어요.
ㄴ 대조영과 따르는 사람들이 동모산에 도착해 나라를 세웠어요.
ㄷ 대조영이 고구려 유민과 말갈 사람들을 이끌고 당나라를 빠져나왔어요.

[＿＿] → [＿＿] → [＿＿]

3 대조영과 발해에 대한 설명이 맞으면 ◯표, 틀리면 ✕표 하세요.

(1) 대조영은 당나라를 도와 나라를 세웠어.

[＿＿]

(2) 발해는 고구려 사람들과 말갈 사람들이 함께 세운 나라야.

[＿＿]

(3) 당나라와 신라는 발해를 나라로 인정하지 않았어.

[＿＿]

발해가 해동성국이라고 불렸던 이유는 무엇일까요?

교과서와 만나요

▶ **사신**
└ 신하 신
나라에서 다른 나라에 보내는 신하.

발해는 처음에는 당나라나 신라와 사이가 좋지 않았어요. 대조영의 뒤를 이은 무왕은 당나라에 맞서 싸우면서 발해의 땅을 만주 북쪽까지 넓혔어요.

하지만 시간이 지나면서 발해와 당나라는 관계가 점점 좋아졌어요. 무역도 활발히 이루어졌고, 서로 **사신**도 자주 오갔어요. 발해는 여러 나라와 교류하면서 점점 강한 나라가 되었어요. 특히 발해의 선왕은 영토를 가장 넓혔고, 문화도 크게 발전시켰어요. 당나라 사람들은 이처럼 강하고 번성한 발해를 보며 '해동성국'이라고 불렀어요. 동쪽의 번성한 나라라는 뜻이에요.

이렇게 번성하던 발해는 귀족들 사이에서 권력 다툼이 벌어지며 점점 힘이 약해졌어요. 결국 발해는 거란의 공격을 받아 926년에 멸망했어요.

지도와 만나요

발해의 최대 영토

거란

상경

동경

당

발해 중경

서경

남경

○ 발해의 오경

신라

금성

일본

발해는 수도에 궁궐과 성을 세우고, 오경(다섯 수도) 제도를 만들어 나라를 튼튼하게 다스렸어요. 또 중국, 일본과도 교류하며 힘을 키웠어요. 이렇게 발해는 신라와 함께 남북국 시대를 이끌며, 우리 역사의 중요한 부분이 되었어요.

문제와 만나요......

1 빈칸에 들어갈 알맞은 낱말을 보기 에서 찾아 쓰세요.

| 보기 | 해동성국 | 교류 | 거란 |

(1) 발해는   의 공격을 받아 926년에 멸망했어요.

(2) 당나라 사람들은 발해를   (이)라고 불렀어요.

(3) 발해는 여러 나라와   하면서 점점 강한 나라가 되었어요.

2 발해의 왕과 어울리는 업적을 찾아 선을 이으세요.

(1) **무왕** •

(2) **선왕** •

• 영토를 가장 넓혔고 문화도 크게 발전시켰어요.

• 당나라에 맞서 싸우며 발해의 땅을 만주 북쪽까지 넓혔어요.

3 발해에 대한 설명이 맞으면 〇표, 틀리면 ✕표 하세요.

(1) 발해는 처음부터 당나라와 사이가 매우 좋았어.

(2) 나중에 발해는 귀족들 사이에 권력 다툼이 벌어졌어.

(3) 발해는 고려의 공격으로 멸망했어.

통일 신라 사람들은 어떻게 살았을까요?

교과서와 만나요

▶ **동궁**
└→ **동녘 동**
동쪽에 있는 궁궐.

신라가 삼국을 통일한 뒤, 땅은 더 넓어지고 인구도 많아졌어요. 그래서 나라 경제도 크게 성장했지요.

신라의 귀족들은 대부분 수도인 금성(지금의 경주)에 살았어요. 귀족들은 땅을 나라에서 받거나 집안 대대로 물려받았고, 많은 노비를 거느리며 풍족하게 살았어요. 귀족의 집도 매우 화려했지요. 금성에는 금으로 꾸민 호화로운 집이 35채나 있었다고 해요. '경주 **동궁**과 월지'는 왕이 신하들과 잔치를 벌이던 곳이에요. 그곳에서 나온 금동 가위나 주령구 같은 유물들을 보면, 신라 귀족들의 화려한 생활을 짐작할 수 있어요.

하지만 평민의 삶은 여전히 힘들었어요. 평민들은 주로 농사를 지으며 살았고, 나라에 세금을 내야 했어요. 또 궁궐을 짓거나 성을 쌓는 일에 불려 나갔고, 군사 훈련도 받아야 했어요. 《삼국사기》에 나오는 지은이라는 인물은 어머니와 단둘이 살았는데, 너무 가난해서 스스로 부잣집의 노비가 되었다고 해요.

국가유산과 만나요

통일 신라의 문화유산

경주 동궁과 월지

통일 신라 시대에 왕이 쉬거나 신하들과 잔치를 벌이던 곳이에요.

경주 월지 금동초심지가위

초의 심지를 자르는 가위로 금동으로 만들어져 화려해요.

문제와 만나요⋯⋯⋯

1 빈칸에 들어갈 알맞은 낱말을 보기에서 찾아 쓰세요.

> 보기   평민   귀족   동궁과 월지

(1) 신라의 ⬚⬚⬚ 들은 노비를 거느리며 풍족하게 살았어요.

(2) 경주의 ⬚⬚⬚ 은/는 왕이 신하들과 잔치를 벌이던 곳이에요.

(3) 신라의 ⬚⬚⬚ 들은 주로 농사를 지으며 나라에 세금을 냈어요.

2 유물과 어울리는 설명을 찾아 선을 이으세요.

(1)

경주 월지 금동초심지가위

•   • 주사위의 면에 여러 가지 재미있는 벌칙이 있어서 당시 귀족들의 놀이 문화를 알 수 있어요.

(2)

주령구(복제품)

•   • 초의 심지를 자르는 가위로 금동으로 만들어져 화려해요.

3 다음 이야기를 통해 알 수 있는 평민의 삶은 무엇인지 빈칸에 알맞은 말을 쓰세요.

어미 때문에 네가 노비가 되다니 너무 슬프구나.

어머니, 죄송해요.

너무 가난한 평민이 스스로 부잣집의 ⬚⬚⬚ 이/가 되는 경우도 있었어요.

발해와 고구려의 문화는 어떻게 닮아 있을까요?

교과서와 만나요

▶ **온돌**
└→ **따뜻한 온**
우리 전통의 난방 방식으로, 방 아래에 불을 지펴 따뜻하게 데우는 것.

발해는 고구려가 멸망한 뒤, 고구려 유민과 말갈족이 함께 세운 나라예요. 발해를 세운 대조영은 고구려 사람이었어요. 그래서 발해는 고구려를 이어받은 나라라는 생각이 강했어요.

일본은 발해에 보낸 사신을 고려(고구려)로 보낸 사신이라고 불렀어요. 《구당서》라는 중국의 역사책도 발해를 '고구려를 이은 나라'로 표현했어요. 발해 주변의 나라들도 발해가 고구려를 이은 나라임을 인정하고 있었지요.

발해의 문화에서도 고구려의 영향을 찾아볼 수 있어요. 발해 사람들은 고구려처럼 겨울에 따뜻하게 지내기 위해 **온돌**을 사용했어요. 기와지붕의 끝부분을 마무리하는 막새기와, 지붕 끝에 올리는 장식 기와인 치미도 발해와 고구려의 것이 비슷해요. 이를 통해 발해가 단순히 새로운 나라가 아니라, 고구려를 계승하고 발전시킨 나라였다는 사실을 알 수 있어요.

국가유산과 만나요   고구려를 이은 발해

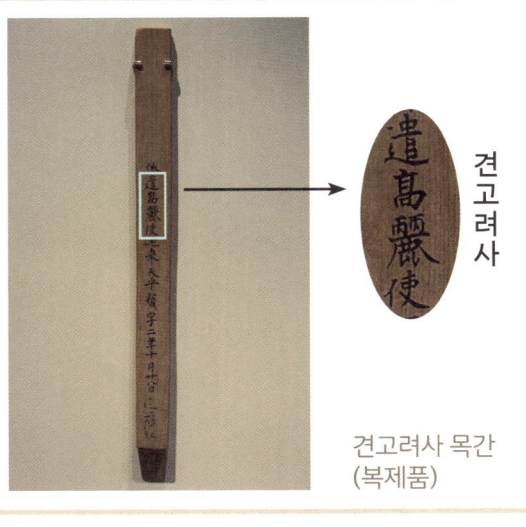

견고려사 목간
(복제품)

일본에서 발견된 글자가 기록된 나뭇조각이에요. '견고려사'는 고려(고구려)로 보낸 사신이라는 뜻이에요.

문제와 만나요……

1 빈칸에 들어갈 알맞은 낱말을 보기 에서 찾아 쓰세요.

보기   일본   온돌   고구려

(1) 발해는 고구려의 난방 방식인   을/를 사용했어요.

(2) 중국의 역사책에서도 발해를 '   을/를 이은 나라'라고 표현했어요.

(3)   은/는 발해에 보낸 사신을 고려(고구려)에 보낸 사신이라고 불렀어요.

2 다음 설명에서 빈칸에 들어갈 알맞은 말을 쓰세요.

고구려 연꽃무늬 수막새

발해 막새기와

발해 문화와 고구려 문화가 비슷한 것을 보니 발해는   을/를 이어받은 나라라고 할 수 있어요.

3 발해와 고구려의 문화에 대한 설명이 맞으면 ○표, 틀리면 ✕표 하세요.

(1)
발해를 세운 대조영은 말갈 사람이었어.

(2)
일본과 중국도 발해가 고구려를 이은 나라임을 인정했어.

(3)
온돌, 막새기와, 치미가 발해와 고구려의 것이 비슷해.

통일 신라의 불교문화는 어떤 모습이었을까요?

교과서와 만나요

▶ **세계유산**
└ 남길 **유**

전 세계 사람들이 함께 보호해야 할, 옛날부터 전해 내려오는 소중한 문화나 자연.

신라는 삼국을 통일한 뒤, 고구려와 백제의 문화를 받아들이고 당나라와도 교류하면서 불교를 크게 발전시켰어요. 신라에서는 아름답고 예술적인 절, 탑, 불상들이 많이 만들어졌어요.

불국사는 통일 신라 사람들이 부처의 나라를 이루고자 하는 마음을 담아 지은 절이에요. 이 절에는 불국사 삼층 석탑과 다보탑이라는 두 개의 유명한 탑이 있어요. 불국사 삼층 석탑은 단순하고 차분한 모양으로, 신라 사람들의 절제된 아름다움을 보여 줘요. 다보탑은 계단, 기둥, 장식이 화려해서 부처의 보물과 지혜를 상징한다고 해요. 석굴암은 돌을 하나하나 정성껏 다듬어 만든 굴 모양의 건물이에요. 석굴암 안에 있는 불상은 온화한 얼굴과 부드러운 눈빛으로 사람들에게 평화로운 느낌을 준답니다.

불국사와 석굴암은 통일 신라의 뛰어난 불교 예술을 잘 보여 주는 소중한 유산이에요. 그래서 두 곳 모두 유네스코 **세계유산**으로 지정되어, 전 세계 사람들에게도 아름다움과 가치를 인정받고 있어요.

국가유산과 만나요

통일 신라의 불교 문화유산

불국사

석굴암

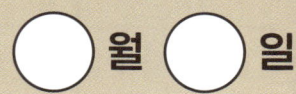
문제와 만나요·······

1 빈칸에 들어갈 알맞은 낱말을 보기 에서 찾아 쓰세요.

> 보기 불국사 석굴암 세계유산

(1) 불국사와 석굴암은 유네스코   (으)로 지정되었어요.

(2)   은/는 돌을 하나하나 다듬어 만든 굴 모양의 불교 건물이에요.

(3)   은/는 통일 신라 사람들이 부처의 나라를 이루려는 마음을 담아 지은 아름다운 절이에요.

2 다음 불국사의 탑에 대한 설명으로 알맞은 것을 찾아 이으세요.

(1)

다보탑

단순하고 차분한 모양으로 신라 사람들의 절제된 아름다움을 보여 줘.

(2)

불국사 삼층 석탑

화려한 장식으로 부처의 보물과 지혜를 상징해.

발해의 불교문화는 어떤 모습이었을까요?

교과서와 만나요

▶ **상경성**
  └ 윗 **상**
  발해의 5경 중 하나이자 수도였던 도시로 5경 중 가장 북쪽에 위치함.

▶ **중경성**
  └ 가운데 **중**
  발해의 5경 중 하나이자 수도였던 도시로 5경 중 가장 가운데에 위치함.

발해에서도 많은 사람들이 불교를 믿었어요. 발해의 수도였던 **상경성**과 **중경성** 주변에서는 절터가 많이 발견되었어요. 이를 통해 불교가 귀족을 중심으로 널리 퍼졌다는 것을 알 수 있어요.

발해에는 불교와 관련한 아름다운 국가유산도 남아 있어요. 그 중 하나는 발해 석등이에요. 석등은 절에 세우는 돌로 만든 등불 기둥이에요. 발해 석등은 섬세하게 조각되어 있고, 예술적으로도 뛰어난 모습을 하고 있어요. 크기가 6미터가 넘어 무척 커요.

이불병좌상이라는 불상은 두 부처가 나란히 앉아 있는 모습을 한 불상이에요. 중국의 영향과 고구려의 전통이 조화를 이루어, 발해 불교만의 독특하고 아름다운 모습이 나타나 있어요.

이처럼 발해 사람들도 불교를 소중히 여기며, 불상과 석등 같은 아름다운 예술품을 만들어 냈어요.

국가유산과 만나요

발해의 불교 국가유산

석등은 돌로 만든 등불 기둥으로, 절이나 무덤 앞에 세워졌어요. 어두운 곳을 밝히는 등처럼, 부처의 지혜가 세상을 비춘다는 뜻을 담고 있어요.

발해 석등

부처 두 분이 나란히 앉아 있는 독특한 불상이에요.

이불병좌상

문제와 만나요 ......

1 빈칸에 들어갈 알맞은 낱말을 보기 에서 찾아 쓰세요.

보기	불교	돌	발해

(1) 발해에서도 많은 사람들이   을/를 믿었어요.

(2) 석등은 절에 세우는   (으)로 만든 등불 기둥이에요.

(3) 이불병좌상에는   불교만의 독특하고 아름다운 모습이 나타나요.

2 다음에서 서로 관련 있는 것끼리 선을 이으세요.

(1) 발해의 수도   •

(2) 이불병좌상   •

(3) 발해 석등   •

• 부처 두 분이 나란히 앉아 있는 불상이에요.

• 부처의 지혜가 세상을 비춘다는 뜻을 담아 불을 밝혀요.

• 상경성은 가장 북쪽에 위치했고, 중경성은 가장 가운데에 위치했어요.

3 발해의 불교문화에 대한 설명이 맞으면 ○표, 틀리면 ×표 하세요.

(1) 귀족을 중심으로 불교가 널리 퍼졌어.

(2) 발해 수도에서 절터가 많이 발견되었어.

(3) 중국의 영향으로 독창성이 없었어.

고구려의 항쟁과 나당 동맹

- 살수대첩: 고구려 장군 을지문덕이 수나라 대군(113만)을 청천강(살수)에서 물리침.
- 안시성 전투: 고구려군이 당나라군의 공격을 막아 냄.
- 나당 동맹: 김춘추의 활약으로 신라가 당나라와 힘을 합침.

신라의 삼국 통일

삼국 통일 과정

	백제	고구려	나당 전쟁
과정	신라군(김유신)과 백제군(계백)이 황산벌에서 싸우고 신라가 이김.	연개소문이 죽은 뒤 세 아들이 권력을 다툼. 혼란을 틈타 나당 연합군이 고구려를 정복함.	신라군이 매소성·기벌포 전투로 당나라군을 격퇴함. 대동강 남쪽 영토를 확보함.
의미	최초로 한반도 대부분의 영토를 하나로 만듦. 문화와 기술이 발전하고, 평화 정착함. 고구려의 옛 땅 일부를 되찾지 못해 아쉬움이 남음.		

발해와 통일 신라

발해의 건국과 발전

- 대조영: 고구려 유민, 말갈인과 함께 발해 건국함.
- 해동성국: 무왕·선왕 때 강해지고 발전해 '동쪽의 번성한 나라'로 불림.
- 문화 교류가 활발하고 불교가 발전함.
- 거란의 침입으로 멸망함.

통일 신라와 발해의 문화

	통일 신라	발해
생활	경제가 발전하며 귀족의 삶은 풍족해졌으나 평민의 삶은 여전히 어려움.	고구려 문화를 계승함. (온돌, 치미, 막새기와)
불교문화	유네스코 세계유산인 불국사, 석굴암	발해 석등, 이불병좌상

문제로 확인해요

1 다음에서 설명하는 인물은 누구인지 고르세요.　　　　　[　　　]

이 분은 고구려의 장수로 수나라의 군대를 청천강(살수)으로 유인해서 큰 승리를 거두었어요. 이 전투를 살수대첩이라고 해요.

① 을지문덕　　　② 계백　　　③ 김유신　　　④ 김춘추

2 다음 국가유산과 관련 있는 인물에 대한 설명을 고르세요.　　　　　[　　　]

무열왕릉

① 전국에 순수비를 세웠어요.
② 백제와 함께 고구려에 맞서 싸웠어요.
③ 안시성에서 당나라의 군대를 물리쳤어요.
④ 당나라와 나당 동맹을 맺고 백제를 멸망시켰어요.

3 다음 빈칸에 들어갈 알맞은 이름을 고르세요.　　　　　[　　　]

이곳은 삼국 통일을 완성한 　　　　　　의 무덤이에요. 죽어서도 용이 되어 나라를 지키고 싶어 해서 바다에 무덤을 만들도록 했어요.

① 법흥왕　　　② 진흥왕　　　③ 문무왕　　　④ 신문왕

4 다음 지도와 관련 있는 나라에 대한 설명을 고르세요. [   ]

① 삼국 통일을 이룬 나라예요.

② 해동성국이라고도 불렸어요.

③ 백제의 유민들이 세운 나라예요.

④ 수나라의 공격을 받아 멸망했어요.

5 다음에서 설명하는 국가유산은 무엇인지 고르세요. [   ]

왕이 신하들과 잔치를 하던 곳으로,
화려한 가위와 주령구가 발견되었어.

① 감은사지

② 평양성

③ 경주 동궁과 월지

④ 불국사

6 다음 발해에 대한 설명을 통해 알 수 있는 것을 고르세요.　　　　　　[　　　]

> − 발해는 고구려와 비슷한 온돌과 기와를 사용했어요.
> − 중국의 역사책에서 발해를 '고구려를 이은 나라'로 표현했어요.
> − 일본은 발해에 보낸 사신을 고구려에 보낸 사신이라고 불렀어요.

① 발해는 백제의 문화를 계승했어요.

② 발해는 고구려를 이어받은 나라예요.

③ 발해는 중국 당나라가 세운 나라예요.

④ 발해는 신라의 제도를 그대로 따랐어요.

7 다음에서 설명하는 국가유산은 무엇인지 고르세요.　　　　　　[　　　]

발해에서도 불교와 관련된 아름다운 국가유산이 남아 있어.
이 국가유산은 중국의 영향과 고구려의 전통이 조화를 이루어,
발해 불교만의 독특하고 아름다운 모습이 나타나 있어.

① 석굴암

② 다보탑

③ 불국사 삼층 석탑

④ 이불병좌상

불국사와 석굴암을 만든 김대성 이야기

신라 시대에 김대성이라는 사람이 살았어요. 김대성은 경주 모량리에서 가난한 어머니와 단둘이 살았어요. 그는 불교를 깊이 믿고, 어머니를 잘 모시는 효자였어요. 어느 날, 절에서 스님이 시주를 받으러 마을에 내려왔어요. 이를 본 김대성은 어머니에게 말했어요.

"우리도 절에 작은 밭을 시주해서 복을 지어요."

그래서 어머니와 함께 어렵게 지켜 온 밭을 절에 드렸어요.

하지만 얼마 뒤, 김대성은 어머니보다 먼저 세상을 떠나고 말았어요. 그런데 놀라운 일이 일어났어요! 김대성이 세상을 떠난 날 밤에 높은 관리인 김문량이 꿈을 꾸었어요.

"모량리의 대성이 너희 집에 환생할 것이다."

얼마 뒤 김문량의 아내가 임신하여 아이를 낳았는데 아이는 태어나면서부터 '대성'이라 적힌 금빛 쪽지를 손에 쥐고 있었어요. 김문량은 이 아이가 예사롭지 않다고 느끼고, 김대성의 전생 어머니도 데려와 함께 살게 해 주었어요.

다시 태어난 김대성은 한때 사냥을 좋아했지만, 어느 날 꿈에서 자신이 죽인 곰이 나타나 슬피 울자 너무 놀란 나머지 다시는 살생하지 않기로 마음먹었어요. 그리고 곰을 위해 장수사라는 절을 지었어요.

어른이 된 김대성은 나라의 재상이 되었어요. 김대성은 전생과 현생의 부모님을 위해 큰 절을 짓기로 했어요. 전생의 어머니를 위해서는 석굴암을 지었고, 다시 태어나 길러 준 부모님을 위해서는 불국사를 지었어요. 이 두 절은 지금까지 남아 있는 우리나라의 소중한 문화유산이에요. 김대성의 깊은 효심과 믿음이 오늘날에도 전해지고 있어요.

계	백	수	나	아	라	발
히	고	구	려	당	빈	해
문	지	석	굴	암	동	후
무	가	을	치	쿠	끼	맹
왕	사	지	해	동	성	국
먼	창	문	파	모	커	초
관	추	덕	불	국	사	종

다음 문제에 알맞은 답을 낱말 퍼즐에서 찾아 ○표 해 보세요.

1 신라의 삼국 통일을 완성한 왕은 누구일까요?
2 황산벌 전투에서 끝까지 싸운 백제의 장군은 누구일까요?
3 신라의 김춘추가 당나라와 힘을 합쳐 맺은 동맹은 무엇일까요?
4 대조영이 고구려 유민과 말갈족과 함께 세운 나라 이름은 무엇일까요?
5 황산벌 전투에서 어린 나이에 용감하게 싸우다 전사한 화랑은 누구일까요?
6 발해의 문화를 살펴봤을 때 발해는 어떤 나라를 계승했다고 볼 수 있을까요?
7 수나라의 113만 대군을 청천강(살수)에서 크게 물리친 고구려 장군은 누구일까요?
8 발해가 동아시아의 강국으로 불릴 때, 다른 나라에서 발해를 부른 이름은 무엇일까요?
9 통일 신라 사람들이 부처의 나라를 이루고자 하는 마음을 담아 만든 절은 무엇일까요?
10 통일 신라 불교 예술의 대표적인 걸작으로, 돌을 다듬어 굴처럼 만든 석굴 사원은 무엇일까요?

정답

1일차

문제와 만나요

○월 ○일

1 빈칸에 들어갈 알맞은 낱말을 보기 에서 찾아 쓰세요.

보기 돌 자연 뗀석기

(1) 돌을 깨뜨려서 만든 도구를 <u>뗀석기</u> (이)라고 해요.

(2) 구석기 시대 사람들은 <u>돌</u> 을/를 깨뜨려서 다양한 도구를 만들었어요.

(3) 구석기 시대 사람들은 <u>자연</u> 에서 구할 수 있는 나무, 뼈, 돌 등으로 도구를 만들었어요.

2 그림과 어울리는 설명을 찾아 선을 이으세요.

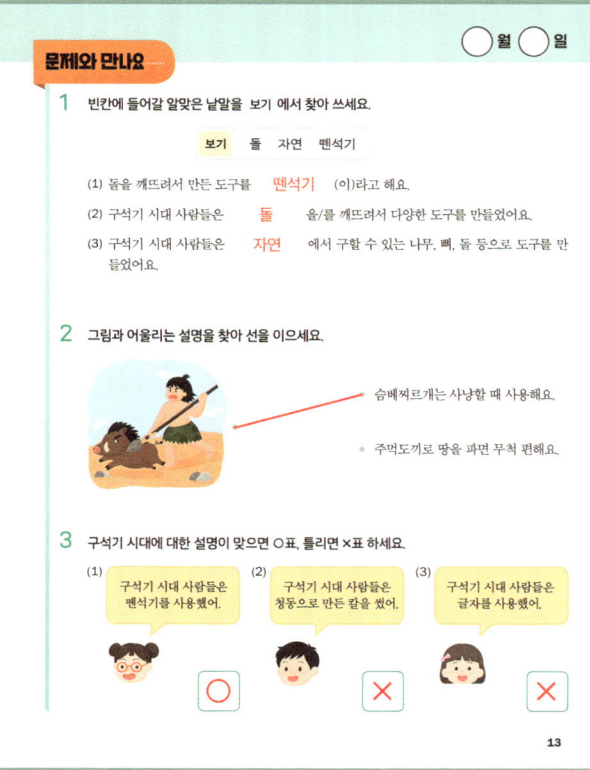

• 슴베찌르개는 사냥할 때 사용해요.

• 주먹도끼로 땅을 파면 무척 편해요.

3 구석기 시대에 대한 설명이 맞으면 ○표, 틀리면 ×표 하세요.

(1) 구석기 시대 사람들은 뗀석기를 사용했어. ○

(2) 구석기 시대 사람들은 청동으로 만든 칼을 썼어. ×

(3) 구석기 시대 사람들은 글자를 사용했어. ×

13

문제와 만나요

○월 ○일

1 빈칸에 들어갈 알맞은 낱말을 보기 에서 찾아 쓰세요.

보기 불 채집 막집

(1) 구석기 시대 사람들은 바위 동굴에서 살거나 <u>막집</u> 을/를 지어 살았어요.

(2) 구석기 시대 사람들은 동물을 사냥하거나 열매나 식물의 뿌리를 <u>채집</u> 했어요.

(3) 구석기 시대 사람들은 <u>불</u> 을/를 이용해 몸을 따뜻하게 하고 고기를 구워 먹었어요.

2 그림과 어울리는 설명을 찾아 선을 이으세요.

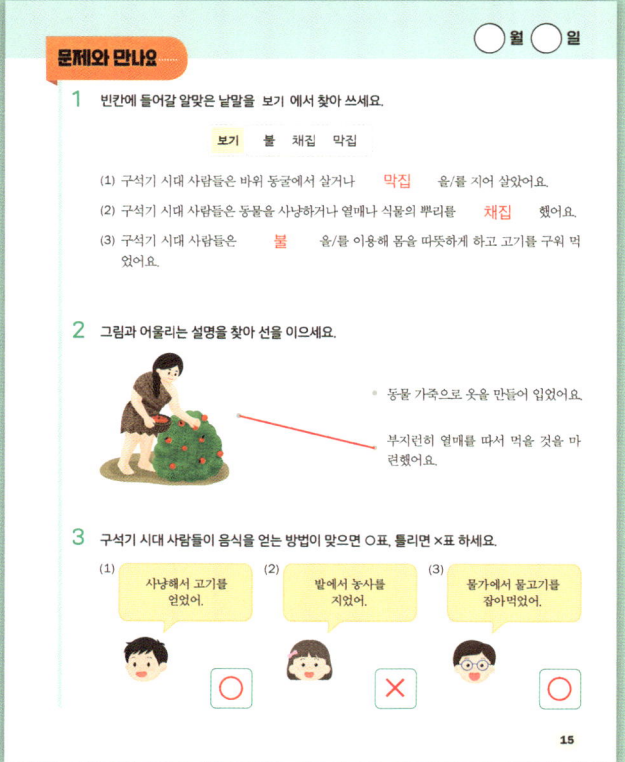

• 동물 가죽으로 옷을 만들어 입었어요.

• 부지런히 열매를 따서 먹을 것을 마련했어요.

3 구석기 시대 사람들이 음식을 얻는 방법이 맞으면 ○표, 틀리면 ×표 하세요.

(1) 사냥해서 고기를 얻었어. ○

(2) 밭에서 농사를 지었어. ×

(3) 물가에서 물고기를 잡아먹었어. ○

15

2일차

문제와 만나요

○월 ○일

1 빈칸에 들어갈 알맞은 낱말을 보기 에서 찾아 쓰세요.

보기 날씨 간석기 신석기

(1) 돌을 갈아서 만든 정교한 도구를 <u>간석기</u> (이)라고 해요.

(2) <u>신석기</u> 시대 사람들은 도구를 만들어 고기잡이와 농사에 사용했어요.

(3) 빙하기가 끝나고 <u>날씨</u> 이/가 따뜻해지면서 식물과 동물이 많아졌어요.

2 그림과 어울리는 설명을 찾아 선을 이으세요.

• 간석기로 농사를 지었어요.

• 실을 뽑아서 옷을 만들었어요.

3 신석기 시대에 대한 설명이 맞으면 ○표, 틀리면 ×표 하세요.

(1) 빙하기가 끝나자 식물과 동물이 줄어들었어. ×

(2) 돌을 깨뜨려 만든 도구를 간석기라고 해. ×

(3) 갈돌과 갈판을 사용해 곡식을 갈았어. ○

17

문제와 만나요

○월 ○일

1 빈칸에 들어갈 알맞은 낱말을 보기 에서 찾아 쓰세요.

보기 움집 농사 빗살무늬

(1) 신석기 시대 사람들은 씨를 심어 <u>농사</u> 을/를 짓기 시작했어요.

(2) 신석기 시대 사람들은 땅을 파고 지붕을 덮어 만든 <u>움집</u> 에 살았어요.

(3) 아래가 뾰족하고 빗으로 그은 것 같은 무늬가 있는 그릇을 <u>빗살무늬</u> 토기라고 해요.

2 그림과 어울리는 설명을 찾아 선을 이으세요.

• 움집에 살면 비를 피할 수 있어요.

• 토기에 음식을 요리할 수 있어요.

3 신석기 시대 사람들의 생활 모습에 대한 설명이 맞으면 ○표, 틀리면 ×표 하세요.

(1) 농사를 짓기 시작하면서 이곳저곳 떠돌아다녔어. ×

(2) 움집은 땅을 둥글게 파서 만든 집이야. ○

(3) 빗살무늬 토기는 바닥이 평평해. ×

19

문제와 만나요 ○월 ○일

1 빈칸에 들어갈 알맞은 낱말을 보기 에서 찾아 쓰세요.

보기 청동기 하늘 제사

(1) 마을의 우두머리는 청동 방울을 흔들며 **제사** 을/를 지냈어요.

(2) 구리에 주석이나 아연을 섞은 금속으로 만든 도구를 **청동기** (이)라고 해요.

(3) 사람들은 반짝이는 청동기를 보며, 우두머리가 **하늘** 의 뜻을 전하는 사람이라고 생각했어요.

2 다음에서 설명하는 도구 이름을 쓰세요. **반달 돌칼**

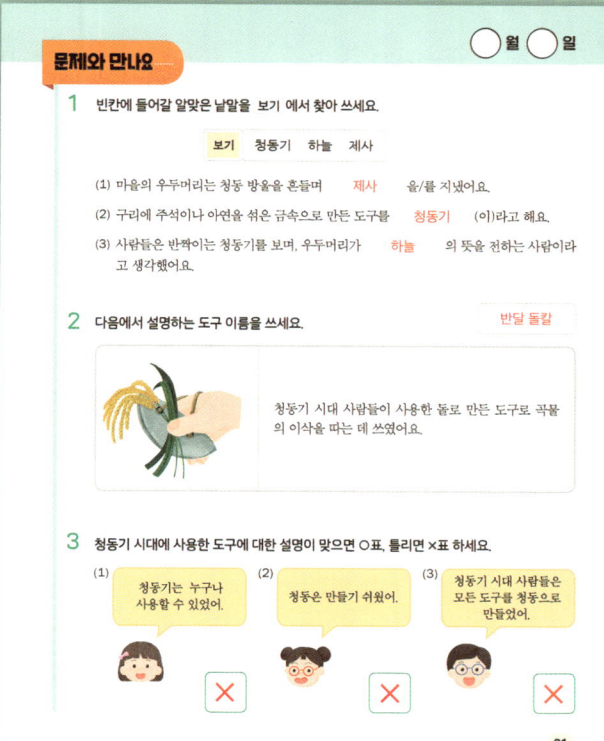

청동기 시대 사람들이 사용한 돌로 만든 도구로 곡물의 이삭을 따는 데 쓰였어요.

3 청동기 시대에 사용한 도구에 대한 설명이 맞으면 ○표, 틀리면 ×표 하세요.

(1) 청동기는 누구나 사용할 수 있었어. ×

(2) 청동은 만들기 쉬웠어. ×

(3) 청동기 시대 사람들은 모든 도구를 청동으로 만들었어. ×

21

문제와 만나요 ○월 ○일

1 빈칸에 들어갈 알맞은 낱말을 보기 에서 찾아 쓰세요.

보기 벼농사 지배자 고인돌

(1) **고인돌** 은/는 주로 지배자의 무덤이에요.

(2) 청동기 시대에는 마을을 다스리는 **지배자** 이/가 있었어요.

(3) 청동기 시대에는 농업이 발달하면서 일부 지역에서 **벼농사** 이/가 시작되었어요.

2 그림과 어울리는 설명을 찾아 선을 이으세요.

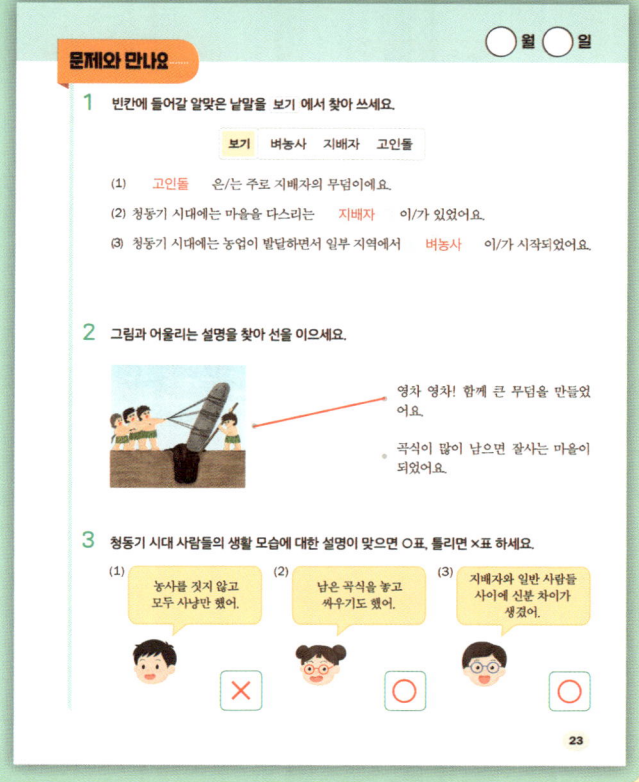

영차 영차! 함께 큰 무덤을 만들었어요.

곡식이 많이 남으면 잘사는 마을이 되었어요.

3 청동기 시대 사람들의 생활 모습에 대한 설명이 맞으면 ○표, 틀리면 ×표 하세요.

(1) 농사를 짓지 않고 모두 사냥만 했어. ×

(2) 남은 곡식을 놓고 싸우기도 했어. ○

(3) 지배자와 일반 사람들 사이에 신분 차이가 생겼어. ○

23

문제와 만나요 ○월 ○일

1 빈칸에 들어갈 알맞은 낱말을 보기 에서 찾아 쓰세요.

보기 환웅 곰 단군왕검

(1) **단군왕검** 은/는 고조선을 세웠어요.

(2) 단군 이야기에서 **곰** 은/는 쑥과 마늘을 먹고 사람이 됐어요.

(3) **환웅** 은/는 하늘에서 내려와 인간 세상을 다스리고 싶어 했어요.

2 다음 고조선의 건국 이야기를 일이 일어난 순서에 맞게 기호를 쓰세요.

㉠ 곰이 쑥과 마늘을 먹고 여자가 되었어요.
㉡ 곰과 호랑이가 사람이 되고 싶다며 환웅에게 빌었어요.
㉢ 하늘의 신 환웅이 3천 명을 이끌고 땅으로 내려왔어요.
㉣ 웅녀와 환웅 사이에서 태어난 단군왕검이 고조선을 세웠어요.

㉢ → ㉡ → ㉠ → ㉣

3 고조선의 건국 이야기에 대한 설명이 맞으면 ○표, 틀리면 ×표 하세요.

(1) 호랑이는 100일 동안 쑥과 마늘을 먹고 사람이 됐어. ×

(2) 단군왕검은 아사달에 도읍을 정하고 나라를 세웠어. ○

(3) 《삼국유사》에 고조선의 건국 이야기가 전해져. ○

25

문제와 만나요 ○월 ○일

1 빈칸에 들어갈 알맞은 낱말을 보기 에서 찾아 쓰세요.

보기 제사장 농사 후손

(1) 고조선 사람들은 **농사** 을/를 중요하게 여겼어요.

(2) '단군'은 하늘에 제사를 지내는 **제사장** 을/를 뜻해요.

(3) 단군 이야기는 우리가 단군의 **후손** (이)라는 자부심을 느끼게 해 줘요.

2 다음 고조선의 건국 이야기에 담긴 뜻을 찾아 선을 이으세요

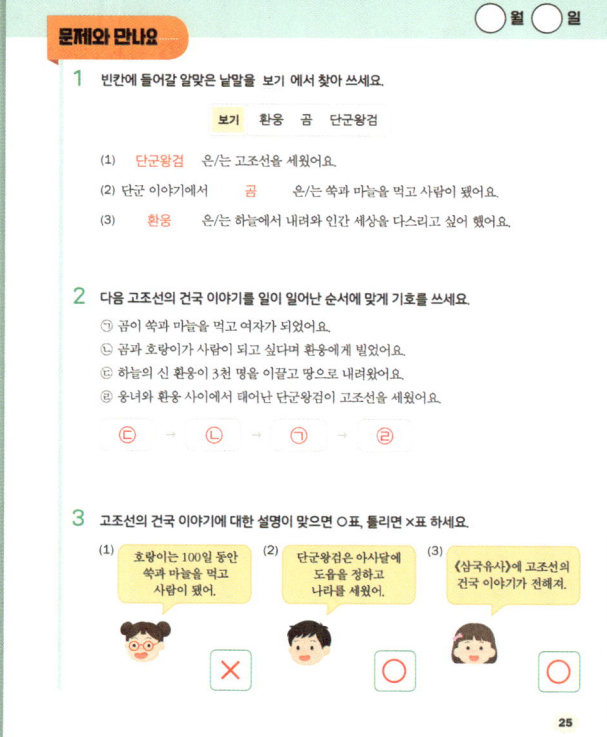

단군왕검은 특별한 하늘의 자손이에요.

고조선을 다스렸던 여러 지배자들이 있었어요.

단군왕검이 1500년 동안 나라를 다스렸어요.

3 고조선의 건국 이야기에 담긴 뜻에 대한 설명이 맞으면 ○표, 틀리면 ×표 하세요.

(1) 곰이 여자가 되었다는 이야기는 진짜 사실이기 때문에 꼭 믿어야 해. ×

(2) 단군 이야기는 우리나라 사람들에게 용기를 주었어. ○

(3) '왕검'은 농사를 짓는 사람을 뜻해. ×

27

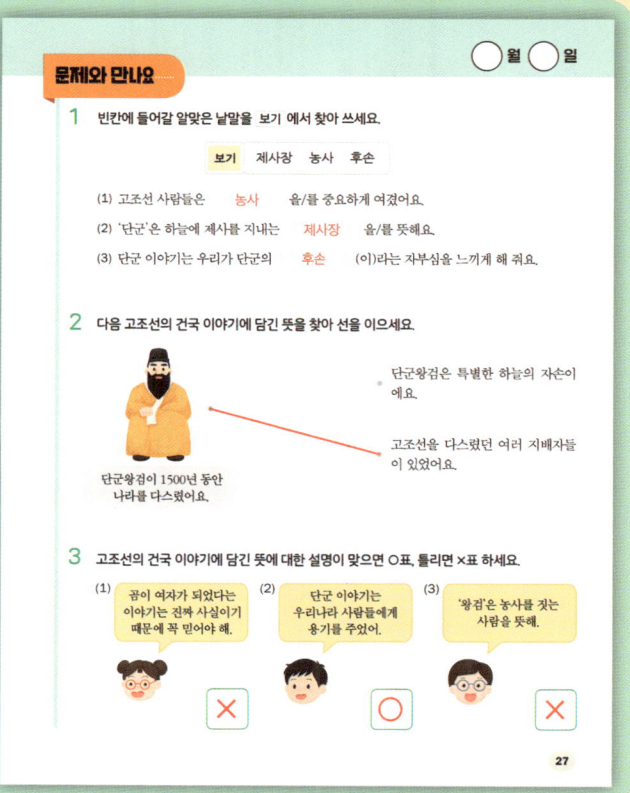

5일차

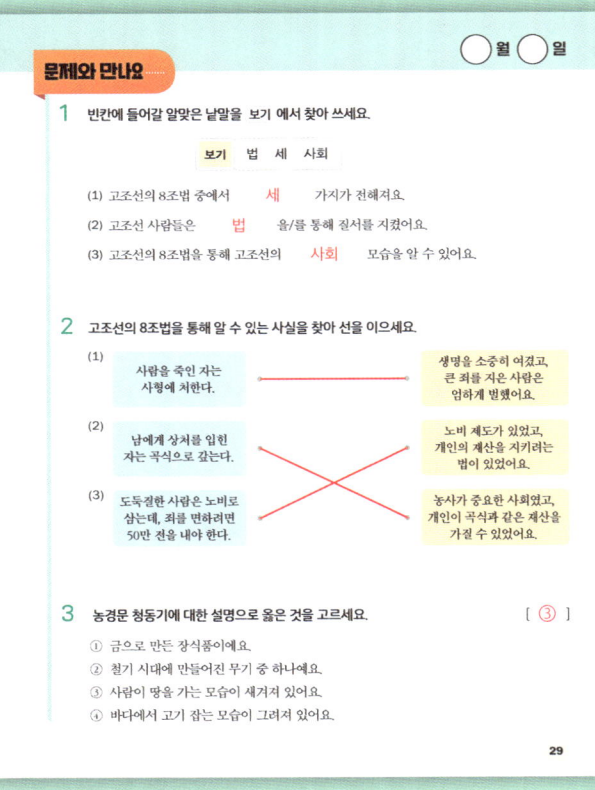

○월 ○일

문제와 만나요

1 빈칸에 들어갈 알맞은 낱말을 보기 에서 찾아 쓰세요.

보기 법 세 사회

(1) 고조선의 8조법 중에서 **세** 가지가 전해져요.

(2) 고조선 사람들은 **법** 을/를 통해 질서를 지켰어요.

(3) 고조선의 8조법을 통해 고조선의 **사회** 모습을 알 수 있어요.

2 고조선의 8조법을 통해 알 수 있는 사실을 찾아 선을 이으세요.

(1) 사람을 죽인 자는 사형에 처한다. ——— 생명을 소중히 여겼고, 큰 죄를 지은 사람은 엄하게 벌했어요.

(2) 남에게 상처를 입힌 자는 곡식으로 갚는다. ✕ 노비 제도가 있었고, 개인의 재산을 지키려는 법이 있었어요.

(3) 도둑질한 사람은 노비로 삼는데, 죄를 면하려면 50만 전을 내야 한다. 농사가 중요한 사회였고, 개인이 곡식과 같은 재산을 가질 수 있었어요.

3 농경문 청동기에 대한 설명으로 옳은 것을 고르세요. [③]

① 금으로 만든 장식품이에요.
② 철기 시대에 만들어진 무기 중 하나예요.
③ 사람이 땅을 가는 모습이 새겨져 있어요.
④ 바다에서 고기 잡는 모습이 그려져 있어요.

29

○월 ○일

문제와 만나요

1 빈칸에 들어갈 알맞은 낱말을 보기 에서 찾아 쓰세요.

보기 비파 유물

(1) 비파형 동검은 칼의 몸체 모양이 악기 **비파** 을/를 닮아 붙인 이름이에요.

(2) 고조선 사람들이 남긴 유적과 **유물** 을/를 통해 고조선 문화가 퍼진 지역을 알 수 있어요.

2 고조선의 문화 범위를 알 수 있는 유물을 모두 고르세요. [①, ③]

① 비파형 동검   ② 빗살무늬 토기   ③ 탁자식 고인돌

3 고조선에 대한 설명이 맞으면 ○표, 틀리면 ✕표 하세요.

(1) 고조선의 지역은 정확한 기록으로 모두 남아 있어. ✕

(2) 비파형 동검은 중국식 칼과 똑같이 생겼어. ✕

(3) 탁자식 고인돌은 탁자처럼 펑펑한 돌을 위에 얹은 무덤이야. ○

31

6일차

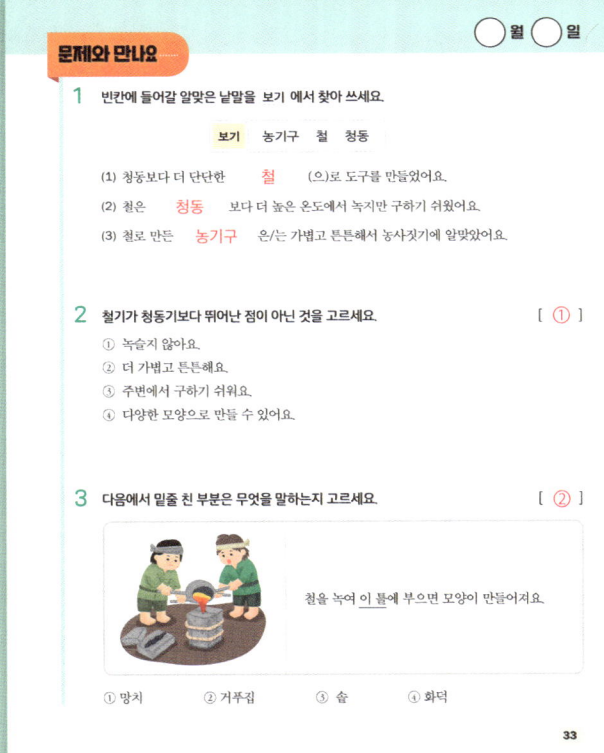

○월 ○일

문제와 만나요

1 빈칸에 들어갈 알맞은 낱말을 보기 에서 찾아 쓰세요.

보기 농기구 철 청동

(1) 청동보다 더 단단한 **철** (으)로 도구를 만들었어요.

(2) 철은 **청동** 보다 더 높은 온도에서 녹지만 구하기 쉬웠어요.

(3) 철로 만든 **농기구** 은/는 가볍고 튼튼해서 농사짓기에 알맞았어요.

2 철기가 청동기보다 뛰어난 점이 아닌 것을 고르세요. [①]

① 녹슬지 않아요.
② 더 가볍고 튼튼해요.
③ 주변에서 구하기 쉬워요.
④ 다양한 모양으로 만들 수 있어요.

3 다음에서 밑줄 친 부분은 무엇을 말하는지 고르세요. [②]

철을 녹여 이 틀에 부으면 모양이 만들어져요.

① 망치   ② 거푸집   ③ 솥   ④ 화덕

33

○월 ○일

문제와 만나요

1 빈칸에 들어갈 알맞은 낱말을 보기 에서 찾아 쓰세요.

보기 위만 왕검성 중계

(1) **위만** 은/는 고조선에 철기 문화를 전해 주고 왕이 되었어요.

(2) 고조선은 한나라와 진나라 사이에서 **중계** 무역을 하며 성장했어요.

(3) 고조선은 한나라의 침략으로 수도인 **왕검성** 이/가 무너지며 멸망했어요.

2 고조선의 발전과 멸망 과정을 일이 일어난 순서에 맞게 기호를 쓰세요.

㉠ 한나라는 고조선의 수도인 왕검성을 점령했어요.
㉡ 고조선이 강해지자 한나라가 고조선을 침략했어요.
㉢ 고조선은 한나라와 진나라 사이에서 중계 무역을 하며 성장했어요.

㉢ → ㉡ → ㉠

3 다음 지도에서 ㉠에 들어갈 나라 이름은 무엇인지 고르세요. [①]

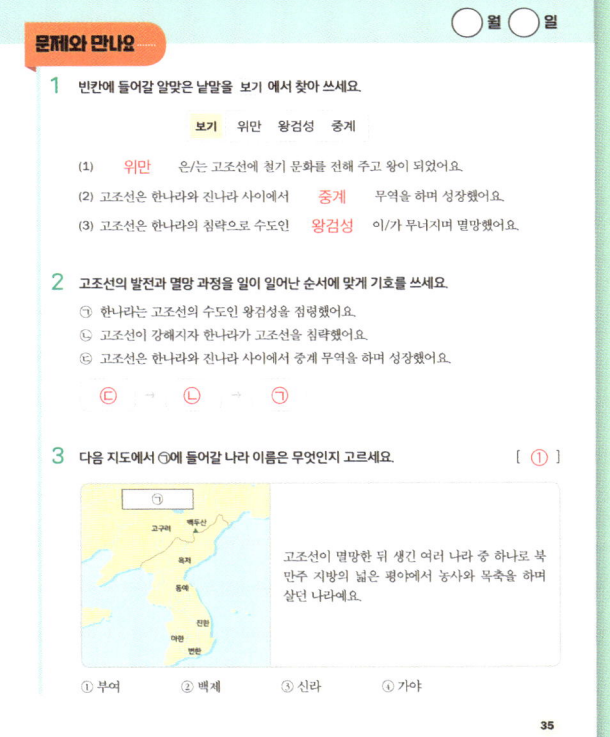

고조선이 멸망한 뒤 생긴 여러 나라 중 하나로 북만주 지방의 넓은 평야에서 농사와 목축을 하며 살던 나라예요.

① 부여   ② 백제   ③ 신라   ④ 가야

35

문제로 확인해요

○월 ○일

1 다음 시대에 대한 설명으로 알맞은 것을 찾아 선을 이으세요.

(1) 구석기 ——— 농사를 짓기 시작했어요.

(2) 신석기 ——— 계급이 나타나기 시작했어요.

(3) 청동기 ——— 동굴이나 막집에서 살았어요.

2 구석기 시대에 사용한 다음 도구의 특징을 고르세요. [③]

① 철을 녹여 만들었어요.
② 청동을 녹여 만들었어요.
③ 돌을 깨뜨려 만들었어요.
④ 돌을 갈아서 만들었어요.

3 다음에서 설명하는 시대에 사용했던 유물로 알맞은 것을 고르세요. [②]

사람들이 움집에서 살았고, 가축을 기르기 시작했어.

① 슴베찌르개 ② 빗살무늬 토기 ③ 청동 방울 ④ 철창

4 다음 도구를 사용했던 시대에 대한 설명이 아닌 것을 고르세요. [④]

청동 거울

① 벼농사가 시작되었어요.
② 계급이 생기기 시작했어요.
③ 청동으로 도구를 만들었어요.
④ 돌로 만든 도구는 전혀 사용하지 않았어요.

5 다음에서 설명하는 사람은 누구인지 고르세요. [④]

환웅과 웅녀가 결혼해서 낳았고, 아사달에 도읍을 정하고 고조선을 세웠어.

① 주몽 ② 온조 ③ 박혁거세 ④ 단군왕검

6 다음 고조선의 8조법에서 알 수 있는 사실이 아닌 것을 고르세요. [②]

- 사람을 죽인 자는 사형에 처한다.
- 남에게 상처를 입힌 자는 곡식으로 갚는다.
- 도둑질한 사람은 노비로 삼는데, 죄를 면하려면 50만 전을 내야 한다.

① 고조선은 돈을 사용했어요.
② 고조선은 사람들이 서로 평등했어요.
③ 고조선 사람들은 생명을 소중히 여겼어요.
④ 고조선은 도둑질에 대한 벌이 매우 무거웠어요.

7 고조선의 건국 이야기를 통해 알 수 있는 내용이 아닌 것을 고르세요. [④]

① 고조선은 농사를 중시하는 사회였어요.
② 고조선을 다스린 지배자가 여럿이었어요.
③ 곰과 호랑이 부족이 환인 부족과 함께하고 싶어 했어요.
④ 단군 이야기는 고조선의 정확한 역사 기록이니 모두 사실로 믿어야 해요.

8 고조선의 문화 범위를 알 수 있는 유물과 유적을 고르세요. [③]

① 세형 동검, 탁자식 고인돌
② 세형 동검, 바둑판식 고인돌
③ 비파형 동검, 탁자식 고인돌
④ 비파형 동검, 바둑판식 고인돌

9 철기를 사용하면서 바뀐 생활 모습이 아닌 것을 고르세요. [③]

① 철로 만든 농기구로 농사를 지었어요.
② 철로 만든 무기로 군사력이 강해졌어요.
③ 철기를 사용하면서 고인돌을 만들기 시작했어요.
④ 철을 녹여서 다양한 모양의 도구를 만들 수 있었어요.

가로세로 퍼즐

¹주	먹	도	끼		
			²고	조	선
³움			인		
집		⁴반	달	돌	칼
					⁵간
⁶농	경	문			석
사			⁷떼	석	기

다음 문제에 알맞은 답을 가로세로 퍼즐에 써서 퍼즐을 완성해 보세요.

가로열쇠

1 구석기 시대 사람들이 사용했던 대표적인 만능 도구는 무엇일까요?
2 우리 역사에서 처음 생긴 나라의 이름은 무엇일까요?
4 곡물의 이삭을 따는 데 쓰인 청동기 시대의 농기구는 무엇일까요?
6 청동기 시대 사람들의 농사 모습을 알 수 있는 청동기는 '○○○ 청동기'입니다. ○○○에 들어갈 말은 무엇일까요?
7 구석기 시대 사람들이 주로 사용한 돌을 깨뜨려 만든 도구들을 무엇이라고 할까요?

세로열쇠

2 청동기 시대 지배자의 무덤을 무엇이라고 할까요?
3 신석기 시대 사람들이 땅을 파고 지붕을 덮어 만든 이 집은 무엇일까요?
5 신석기 시대 사람들이 주로 사용한 돌을 갈아서 만든 도구를 무엇이라고 할까요?
6 신석기 시대에 시작된 일로 씨를 심어 식물을 키우는 일을 무엇이라고 할까요?

8일차

문제와 만나요

1 빈칸에 들어갈 알맞은 낱말을 보기 에서 찾아 쓰세요.

보기　해모수　활　고구려

(1) 주몽은 부여의 남쪽, 졸본에 **고구려** 을/를 세웠어요.

(2) 주몽이라는 이름은 **활** 을/를 잘 쏘는 사람이라는 뜻이에요.

(3) 주몽은 하늘의 신 **해모수** 와/과 하백의 딸 유화 사이에서 태어났어요.

2 다음 주몽의 이야기를 일이 일어난 순서에 맞게 기호를 쓰세요.

㉠ 주몽은 졸본에 고구려를 세웠어요.
㉡ 유화가 낳은 큰 알에서 주몽이 태어났어요.
㉢ 부여의 왕자들이 괴롭히자 주몽은 부여에서 도망쳤어요.
㉣ 물고기와 자라 떼의 도움을 받아 주몽은 큰 강을 건널 수 있었어요.

㉡ → ㉢ → ㉣ → ㉠

3 고구려 건국 이야기에 대한 설명이 맞으면 ○표, 틀리면 ×표 하세요.

(1) 유화는 햇빛을 받고 큰 알을 낳았어. **○**

(2) 부여에서 도망치던 주몽은 배를 타고 강을 건넜어. **×**

(3) 주몽은 하늘의 신과 물의 신의 손자야. **○**

45

문제와 만나요

1 빈칸에 들어갈 알맞은 낱말을 보기 에서 찾아 쓰세요.

보기　백제　위례성　고구려

(1) 온조는 한강 남쪽의 **위례성** 에 자리 잡았어요.

(2) 비류의 백성들과 온조의 백성들이 함께 **백제** 을/를 세웠어요.

(3) 백제의 석촌동 고분은 **고구려** 와/과 무덤을 만드는 방식이 비슷해요.

2 다음 온조의 말풍선에서 빈칸에 들어갈 알맞은 말을 쓰세요.

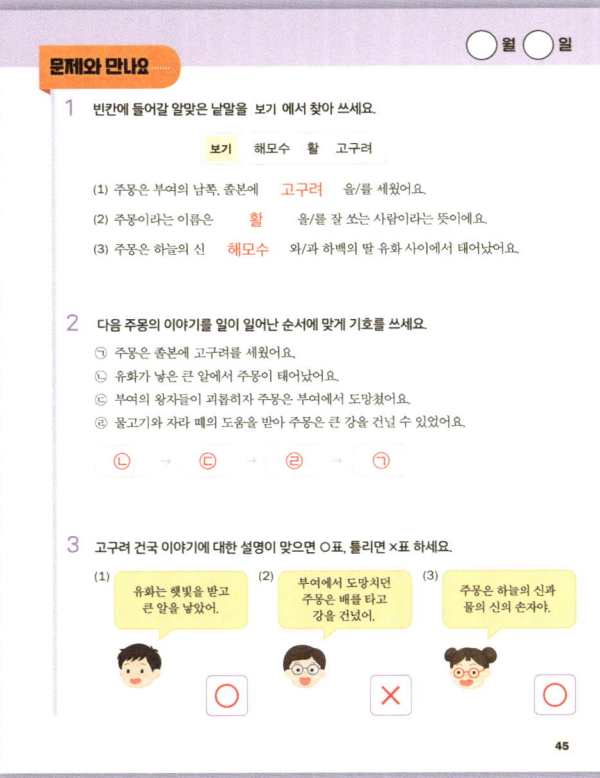

백성들이 즐거이 따르니 나라 이름을 **백제** 라 하겠노라.

3 다음 설명에서 괄호에 들어갈 알맞은 말을 골라 ○표 하세요.

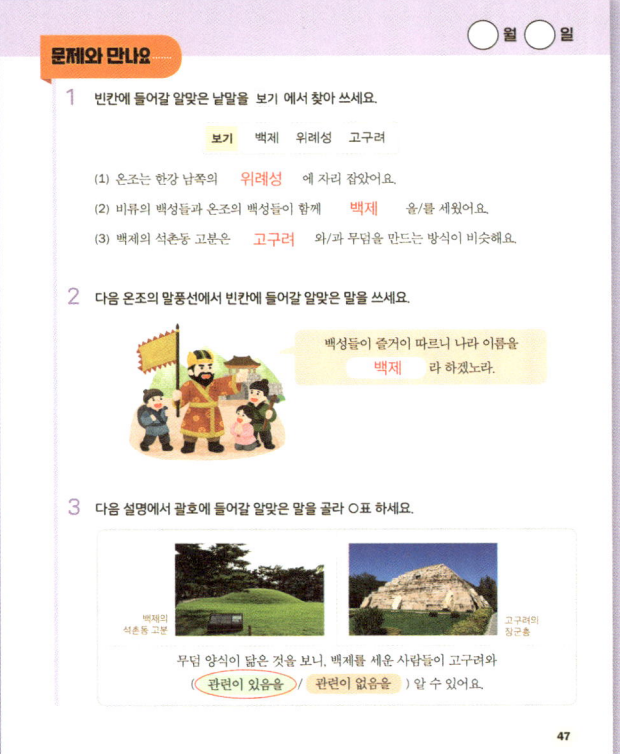

백제의 석촌동 고분　／　고구려의 장군총

무덤 양식이 닮은 것을 보니, 백제를 세운 사람들이 고구려와 (관련이 있음을 / 관련이 없음을) 알 수 있어요.

47

9일차

문제와 만나요

1 빈칸에 들어갈 알맞은 낱말을 보기 에서 찾아 쓰세요.

보기　경주　《삼국사기》　나정

(1) 신라의 건국 이야기는 **《삼국사기》** 에 실려 있어요.

(2) 신라는 지금의 **경주** 에 있었던 사로국에서 시작되었어요.

(3) 박혁거세는 **나정** (이)라는 우물가에 놓인 알에서 태어났어요.

2 '박혁거세'에 대한 설명이 맞으면 ○표, 틀리면 ×표 하세요.

(1) '박'은 사로국 촌장들의 성씨였어. **×**

(2) '혁거세'는 빛나고 큰 인물이라는 뜻이야. **○**

(3) 박혁거세는 고구려를 세웠어. **×**

3 다음 신라의 건국 이야기를 일이 일어난 순서에 맞게 기호를 쓰세요.

㉠ 알에서 박혁거세가 태어났어요.
㉡ 촌장들이 박혁거세를 왕으로 삼았어요.
㉢ 흰말이 나정이라는 우물가에서 울고 있었어요.
㉣ 말이 사라진 자리에 박처럼 생긴 알이 있었어요.

㉢ → ㉣ → ㉠ → ㉡

49

문제와 만나요

1 빈칸에 들어갈 알맞은 낱말을 보기 에서 찾아 쓰세요.

보기　김수로　연맹　구지봉

(1) **김수로** 이/가 알에서 가장 먼저 태어났어요.

(2) 가야는 여러 나라가 힘을 모은 **연맹** 국가였어요.

(3) 김해의 **구지봉** 이/가 있는 하늘에서 이상한 소리가 들렸어요.

2 다음 빈칸에 공통으로 들어갈 알맞은 말을 쓰세요.

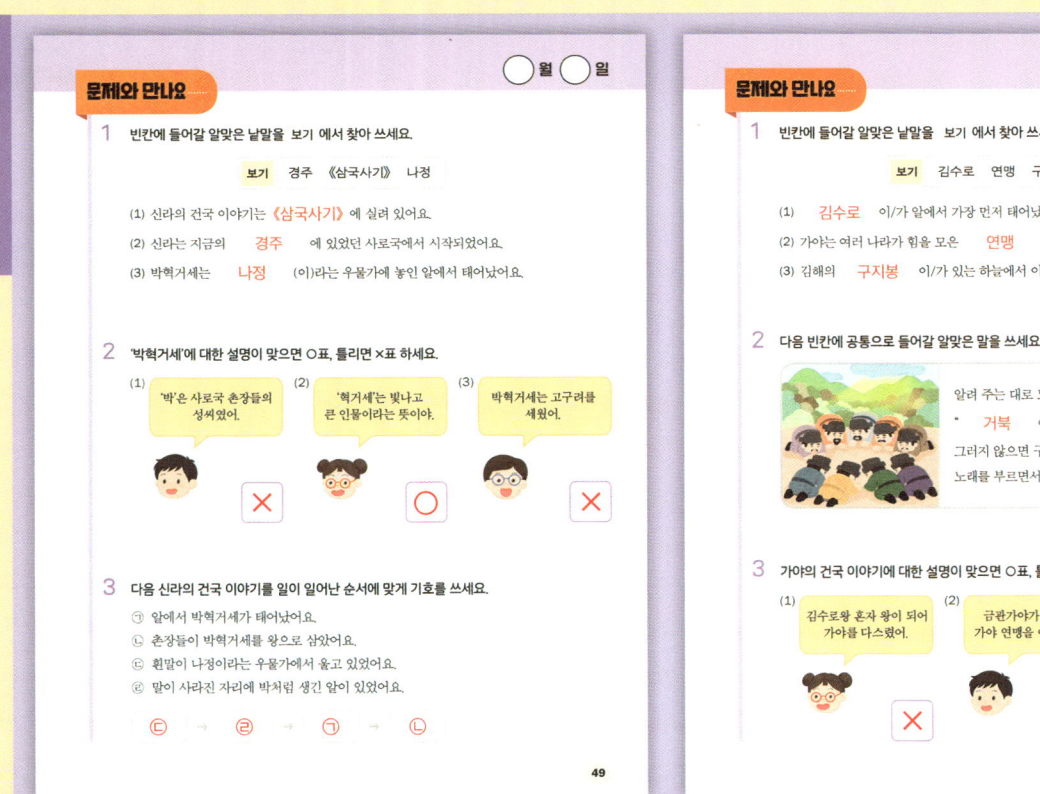

알려 주는 대로 노래를 불러라.
"**거북** 아 **거북** 아 머리를 내밀어라.
그러지 않으면 구워 먹으리라."
노래를 부르면서 산봉우리의 흙을 파며 춤을 추어라.

3 가야의 건국 이야기에 대한 설명이 맞으면 ○표, 틀리면 ×표 하세요.

(1) 김수로왕 혼자 왕이 되어 가야를 다스렸어. **×**

(2) 금관가야가 초기에 가야 연맹을 이끌었어. **○**

(3) 가야는 철기 문화를 바탕으로 성장했어. **○**

51

문제와 만나요

1 빈칸에 들어갈 알맞은 낱말을 보기 에서 찾아 쓰세요.

보기 한강 백제 평양성

(1) 근초고왕은 고구려의 **평양성** 을/를 공격했어요.

(2) **백제** 은/는 삼국 중 가장 먼저 전성기를 맞이했어요.

(3) 백제는 **한강** 유역의 기름진 땅에서 농사를 지으며 힘을 길렀어요.

2 백제의 전성기를 이룬 백제의 왕은 누구인지 이름을 쓰세요.

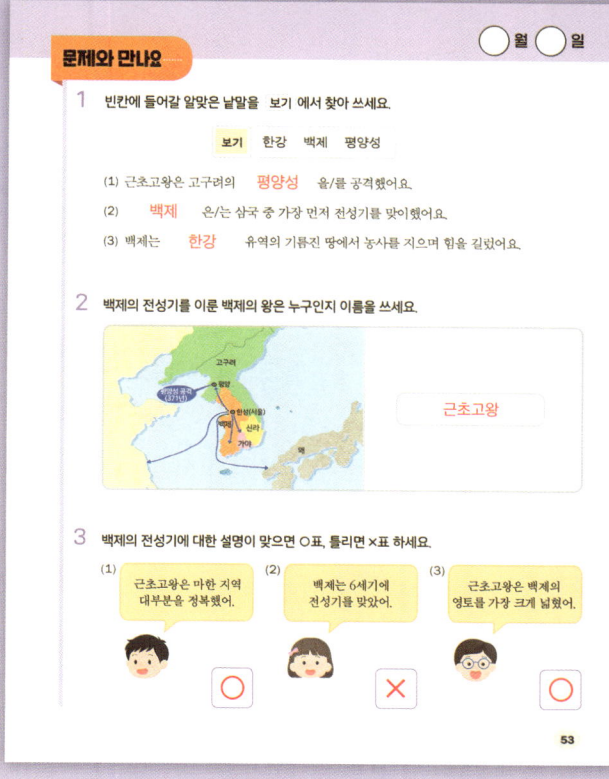

근초고왕

3 백제의 전성기에 대한 설명이 맞으면 ○표, 틀리면 ×표 하세요.

(1) 근초고왕은 마한 지역 대부분을 정복했어. **○**

(2) 백제는 6세기에 전성기를 맞았어. **×**

(3) 근초고왕은 백제의 영토를 가장 크게 넓혔어. **○**

53

문제와 만나요

1 빈칸에 들어갈 알맞은 낱말을 보기 에서 찾아 쓰세요.

보기 바닷길 왜

(1) 백제는 넓어진 영토와 **바닷길** 을/를 이용해 다른 나라와 자주 오갔어요.

(2) 백제는 중국의 동진, 한반도 남부의 가야, **왜** 와/과 활발히 교류했어요.

2 다음 빈칸에 들어갈 국가유산의 이름을 쓰세요.

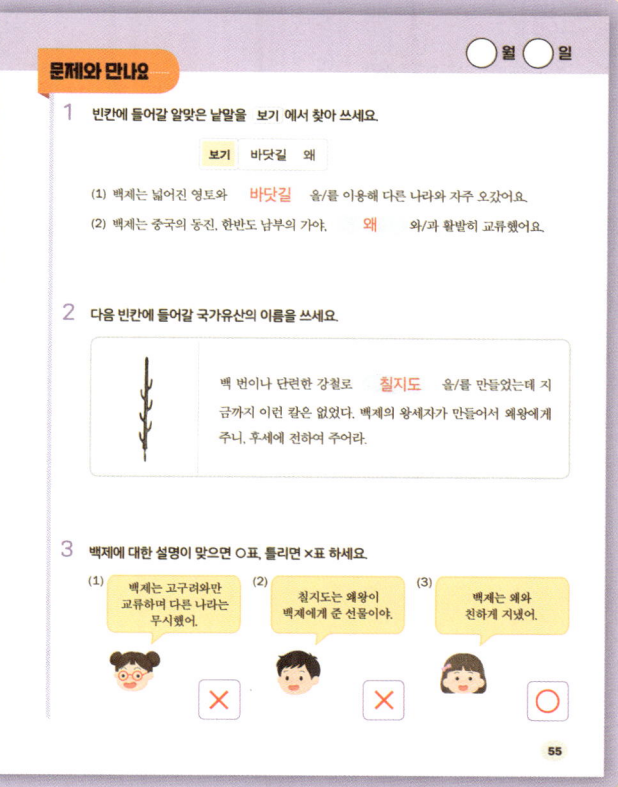

백 번이나 단련한 강철로 **칠지도** 을/를 만들었는데 지금까지 이런 칼은 없었다. 백제의 왕세자가 만들어서 왜왕에게 주니, 후세에 전하여 주어라.

3 백제에 대한 설명이 맞으면 ○표, 틀리면 ×표 하세요.

(1) 백제는 고구려와만 교류하며 다른 나라는 무시했어. **×**

(2) 칠지도는 왜왕이 백제에게 준 선물이야. **×**

(3) 백제는 왜와 친하게 지냈어. **○**

55

문제와 만나요

1 빈칸에 들어갈 알맞은 낱말을 보기 에서 찾아 쓰세요.

보기 불교 율령 연호

(1) 광개토대왕은 영락이라는 고구려만의 **연호** 을/를 사용했어요.

(2) 소수림왕은 **불교** 을/를 받아들여 백성의 마음을 하나로 모았어요.

(3) 소수림왕은 **율령** 을/를 널리 퍼뜨려 나라를 체계적으로 다스렸어요.

2 다음 국가유산에 대한 설명에서 빈칸에 들어갈 알맞은 말을 각각 쓰세요.

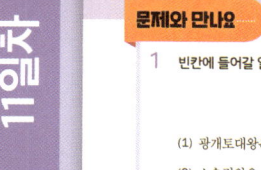

경주에 있는 오래된 무덤에서 나온 그릇으로, **고구려** 와/과 **신라** 이/가 서로 가까운 사이였다는 사실을 알 수 있어요.

호우총 청동 그릇

3 고구려의 발전에 대한 설명이 맞으면 ○표, 틀리면 ×표 하세요.

(1) 소수림왕은 고구려의 영토를 크게 넓혔어. **×**

(2) 광개토대왕은 고구려의 수도를 옮겼어. **×**

(3) 소수림왕은 태학을 만들어 인재를 키웠어. **○**

57

문제와 만나요

1 빈칸에 들어갈 알맞은 낱말을 보기 에서 찾아 쓰세요.

보기 장수왕 한강 고구려비

(1) 장수왕은 **한강** 전부를 차지하는 데 성공했어요.

(2) 고구려의 **장수왕** 은/는 한반도 남쪽으로 계속해서 내려왔어요.

(3) 고구려가 한반도의 중부 지역까지 영토를 넓혔다는 사실을 충주 **고구려비** 에 기록했어요.

2 다음은 누구에 대한 설명인지 이름을 쓰세요.

장수왕

고구려의 전성기를 이끈 왕이야.

수도를 국내성에서 평양성으로 옮겼어.

충주 고구려비를 세웠어.

3 백제와 신라가 고구려에 맞서기 위해 무엇을 맺었는지 쓰세요.

나제 동맹

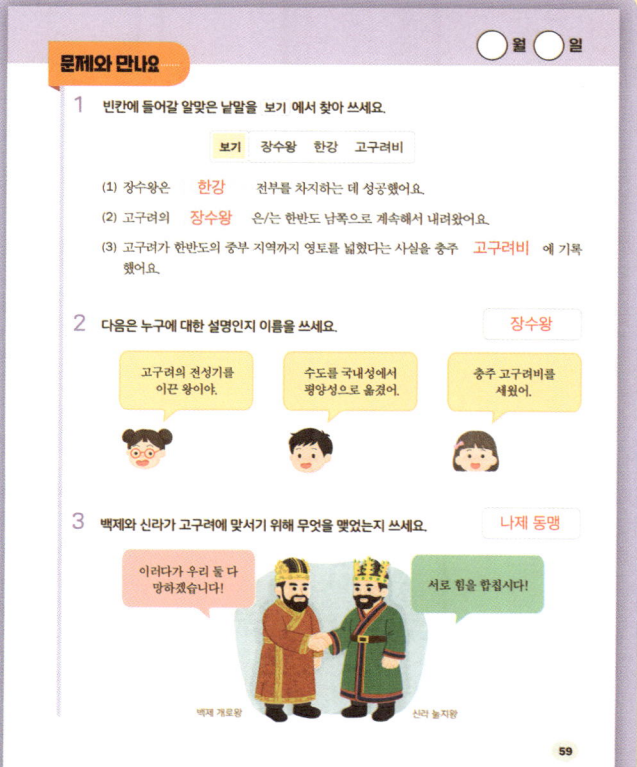

이러다가 우리 둘 다 망하겠습니다!

서로 힘을 합칩시다!

백제 개로왕 신라 눌지왕

59

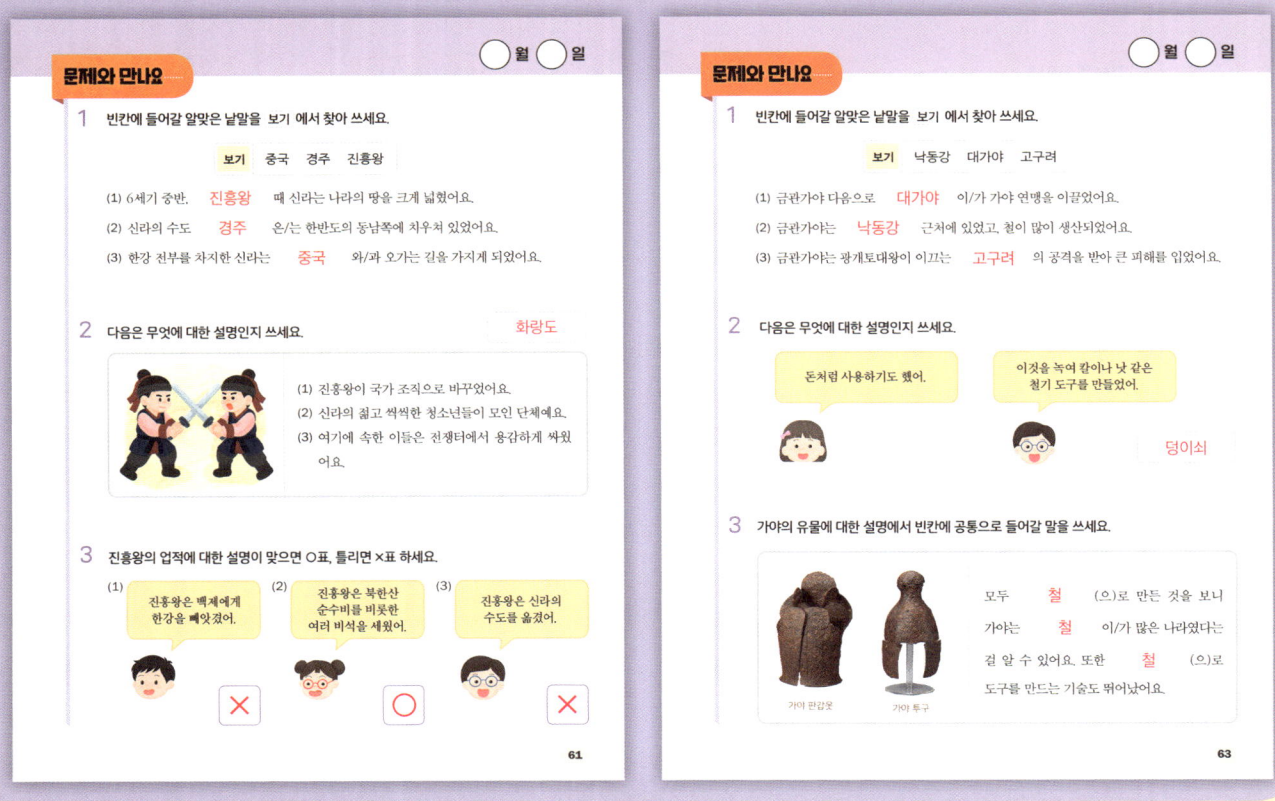

문제로 확인해요

1 다음 각 나라를 건국한 왕에 대한 설명을 찾아 선을 이으세요.

(1) 고구려
(2) 백제
(3) 신라
(4) 가야

온조가 위례성에서 건국했어요.

박혁거세가 서라벌에서 건국했어요.

김수로를 비롯한 여섯 명의 왕이 김해 부근에서 건국했어요.

주몽이 졸본에서 건국했어요.

2 백제의 건국 과정에 대한 설명으로 틀린 것을 고르세요. [③]

① 비류와 온조가 졸본에서 남쪽으로 떠났어요.
② 온조는 한강 남쪽의 위례성에 자리를 잡고 나라를 세웠어요.
③ 비류가 미추홀에 나라를 세우자, 많은 백성이 모여들었어요.
④ 온조는 백성들이 즐겁게 따르자 나라 이름을 백제라고 했어요.

3 가야의 건국 과정에 대한 설명으로 틀린 것을 고르세요. [①]

① 나정이라는 우물가에서 알들이 발견되었어요.
② 여섯 알 중 가장 먼저 태어난 아이가 김수로이며, 가야의 왕이 되었어요.
③ 가야는 철기 문화를 바탕으로 성장했고, 금관가야가 연맹의 중심이 되었어요.
④ 하늘에서 금빛 상자가 내려왔고, 그 안에는 여섯 개의 황금 알이 들어 있었어요.

4 다음에서 설명하는 왕은 누구인지 고르세요. [②]

마한 지역을 정복하고, 고구려 평양성을 공격했어. 백제의 전성기를 이끌었지.

① 무령왕 　② 근초고왕 　③ 문주왕 　④ 성왕

5 다음에서 설명하는 유물은 무엇인지 고르세요. [③]

일곱 개의 칼날이 있고, 백제가 왜와 교류했음을 알 수 있어.

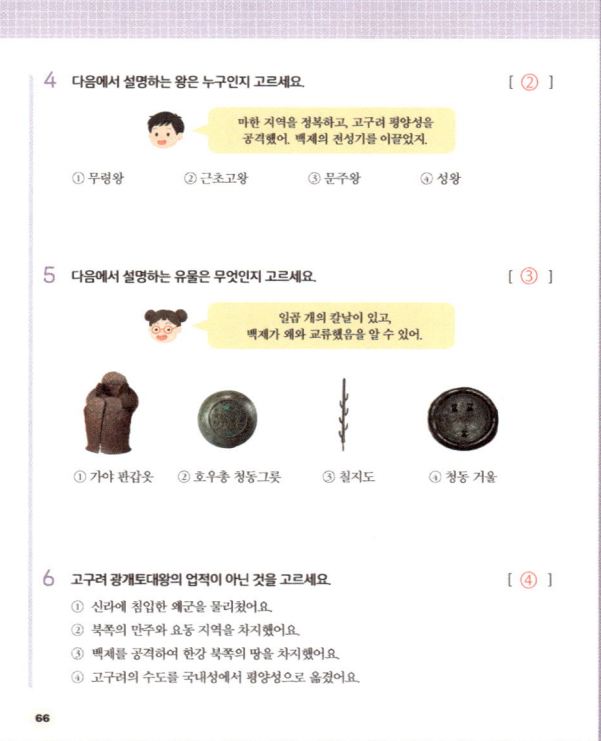

① 가야 판갑옷 　② 호우총 청동그릇 　③ 칠지도 　④ 청동 거울

6 고구려 광개토대왕의 업적이 아닌 것을 고르세요. [④]

① 신라에 침입한 왜군을 물리쳤어요.
② 북쪽의 만주와 요동 지역을 차지했어요.
③ 백제를 공격하여 한강 북쪽의 땅을 차지했어요.
④ 고구려의 수도를 국내성에서 평양성으로 옮겼어요.

7 고구려 장수왕에게 맞서려고 백제와 신라가 맺은 동맹을 고르세요. [②]

① 가야 연맹
② 나제 동맹
③ 삼국 동맹
④ 강화 조약

8 다음 각 나라의 전성기를 이끈 왕과 시대를 찾아 선을 이으세요.

(1) 백제　　진흥왕　　　4세기
(2) 고구려　근초고왕　　5세기
(3) 신라　　광개토대왕, 장수왕　6세기

9 다음에서 설명하는 유물은 무엇인지 고르세요. [②]

철로 만든 네모난 판 모양의 쇳덩이예요. 이것을 녹여서 칼이나 낫 같은 철기 도구를 만들었어요. 돈처럼 사용하기도 했어요.

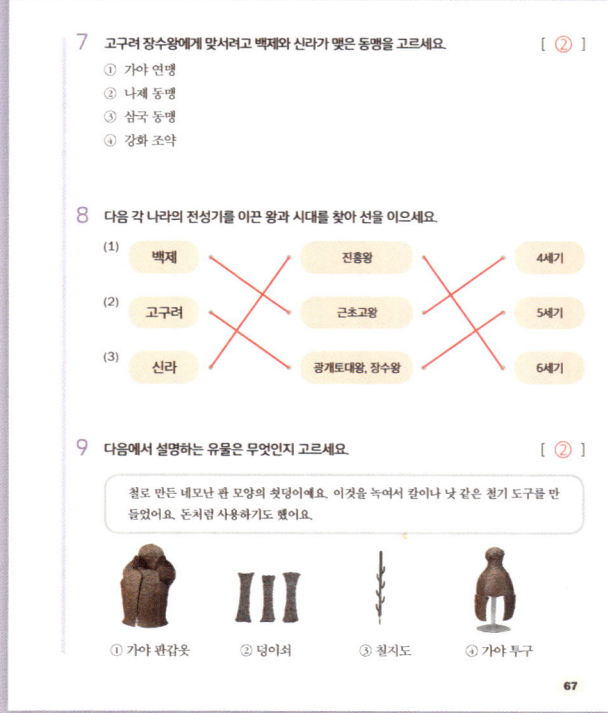

① 가야 판갑옷 　② 덩이쇠 　③ 칠지도 　④ 가야 투구

낱말 퍼즐 찾기

박	김	금	평	주	산	위
혁	석	관	조	양	몽	례
거	해	가	순	거	성	성
세	지	야	비	근	리	미
준	백	제	능	초	졸	강
화	랑	도	노	고	송	본
광	개	토	대	왕	기	철

다음 문제에 알맞은 답을 낱말 퍼즐에서 찾아 ○표 해 보세요.

1 온조가 세운 나라 이름은 무엇일까요?
2 고구려가 처음 세워진 곳은 어디일까요?
3 백제의 전성기를 이끈 왕은 누구일까요?
4 장수왕은 고구려의 수도를 어디로 옮겼을까요?
5 온조가 나라를 세운 곳은 한강 남쪽의 어디일까요?
6 여섯 가야의 임금 중 하나인 김수로가 다스린 곳은 어디일까요?
7 영락이라는 고구려의 독자적인 연호를 사용한 왕은 누구일까요?
8 신라의 첫 임금으로 알에서 태어났다고 전해지는 인물은 누구일까요?
9 '활을 잘 쏘는 사람'이란 이름을 가진 고구려를 세운 사람은 누구일까요?
10 신라의 전성기를 이끈 진흥왕이 국가 조직으로 바꾼 이것은 무엇일까요?

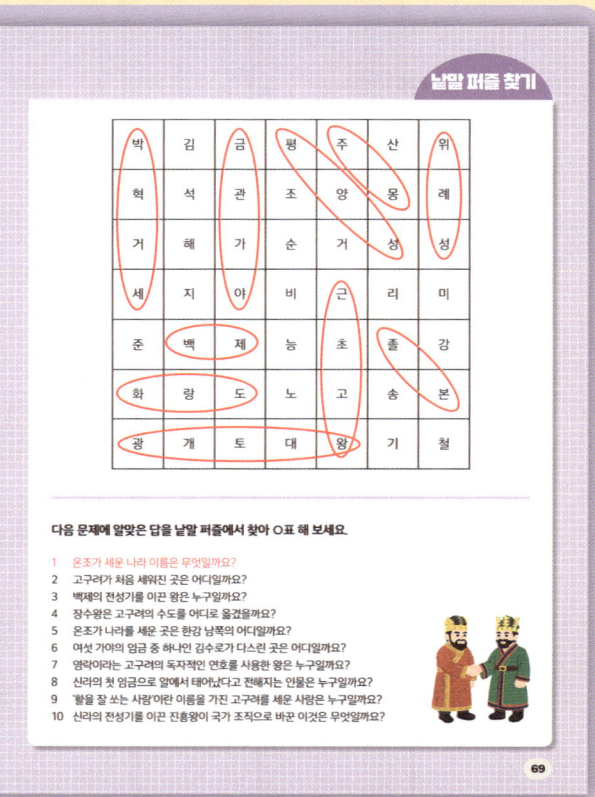

14일차

문제와 만나요

○월 ○일

1 빈칸에 들어갈 알맞은 낱말을 보기 에서 찾아 쓰세요.

보기 농민 신분 관직

(1) 귀족은 **신분** 을/를 자식에게 물려줄 수 있었어요.

(2) 귀족은 맡은 **관직** 에 따라 옷의 색깔이 달랐어요.

(3) 귀족은 노비나 **농민** 에게 농사를 짓게 하고, 그 농작물 대부분을 가져갔어요.

2 다음 신분과 어울리는 사람을 찾아 선을 이으세요.

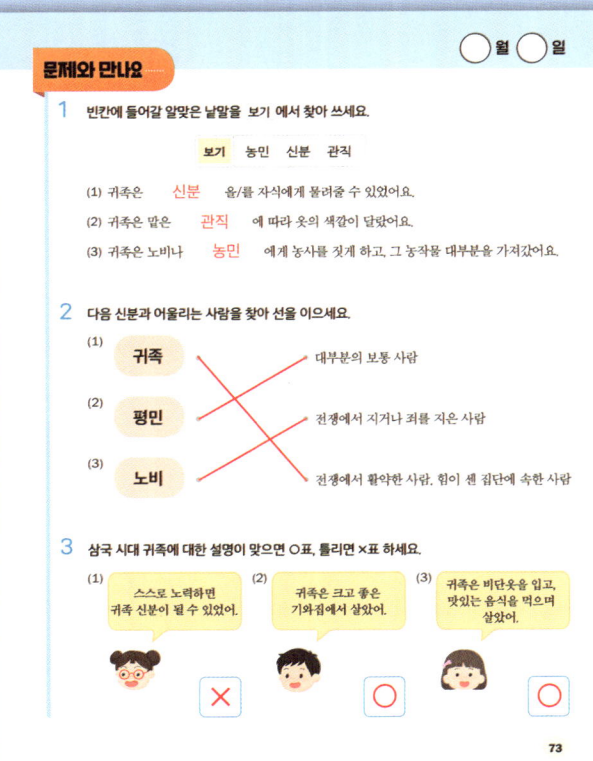

(1) 귀족 — 대부분의 보통 사람
(2) 평민 — 전쟁에서 지거나 죄를 지은 사람
(3) 노비 — 전쟁에서 활약한 사람, 힘이 센 집단에 속한 사람

3 삼국 시대 귀족에 대한 설명이 맞으면 ○표, 틀리면 ×표 하세요.

(1) 스스로 노력하면 귀족 신분이 될 수 있었어. ×
(2) 귀족은 크고 좋은 기와집에서 살았어. ○
(3) 귀족은 비단옷을 입고, 맛있는 음식을 먹으며 살았어. ○

73

문제와 만나요

○월 ○일

1 빈칸에 들어갈 알맞은 낱말을 보기 에서 찾아 쓰세요.

보기 세금 농사 빚

(1) 삼국 시대 평민들은 대부분 **농사** 을/를 짓는 농민이었어요.

(2) 가난한 농민이 **빚** 을/를 갚지 못하면 노비가 되기도 했어요.

(3) 농민들은 나라에 곡물이나 옷감, 특산물 같은 것을 **세금** (으)로 바쳤어요.

2 다음에서 설명하는 신분은 무엇인지 쓰세요. **노비**

주인을 위해 일하며 살았어.

물건처럼 사고팔기도 했지.

신분이 가장 낮은 사람들이야.

3 평민의 삶을 설명한 내용에서 빈칸에 들어갈 알맞은 말을 쓰세요.

아버지 대신 군대에 가다니요.
기다려 주세요. 꼭 돌아올게요!

삼국 시대 평민들은 전쟁이 나면 **군인** 이/가 되어 싸워야 했어요.

75

15일차

문제와 만나요

○월 ○일

1 빈칸에 들어갈 알맞은 낱말을 보기 에서 찾아 쓰세요.

보기 무덤 벽화 방

(1) 돌로 만든 넓은 **방** 이/가 있는 고구려의 무덤도 있어요.

(2) 삼국 시대 사람들이 남긴 **무덤** 와/과 그 안에 묻은 물건이 남아 있어요.

(3) 무덤 안쪽 벽이나 천장에 그려진 **벽화** 을/를 통해 생활 모습을 알 수 있어요.

2 다음 벽화에 대한 설명으로 맞는 것을 모두 찾아 선을 이으세요.

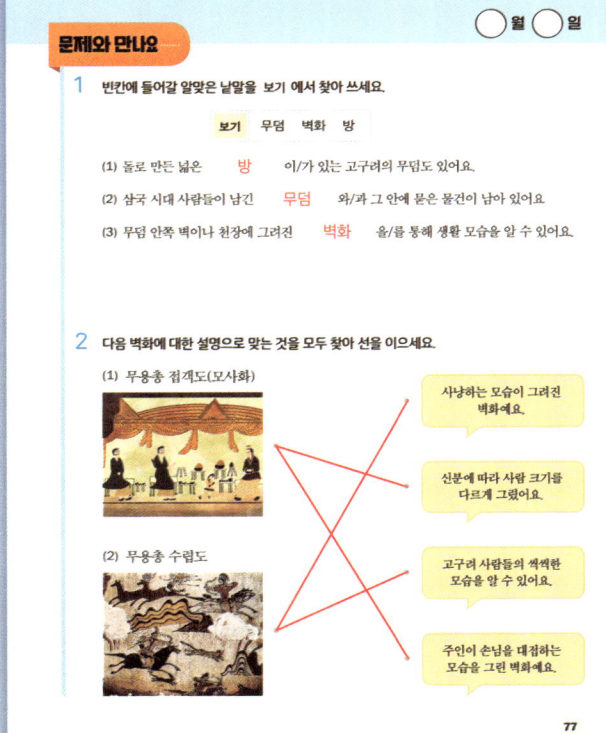

(1) 무용총 접객도(모사화)

(2) 무용총 수렵도

사냥하는 모습이 그려진 벽화예요.

신분에 따라 사람 크기를 다르게 그렸어요.

고구려 사람들의 씩씩한 모습을 알 수 있어요.

주인이 손님을 대접하는 모습을 그린 벽화예요.

77

문제와 만나요

○월 ○일

1 빈칸에 들어갈 알맞은 낱말을 보기 에서 찾아 쓰세요.

보기 벽돌 돌 천마도

(1) 신라의 천마총에서는 **천마도** (이)라는 하늘을 나는 말 그림이 발견됐어요.

(2) 백제의 무령왕릉은 중국 남조의 영향을 받아 **벽돌** (으)로 쌓은 무덤이에요.

(3) 신라 사람들은 나무로 방을 만들고, 그 위에 **돌** 을/를 쌓은 뒤, 흙으로 덮어 무덤을 만들었어요.

2 다음 유물에 대한 설명에서 빈칸에 들어갈 말을 쓰세요.

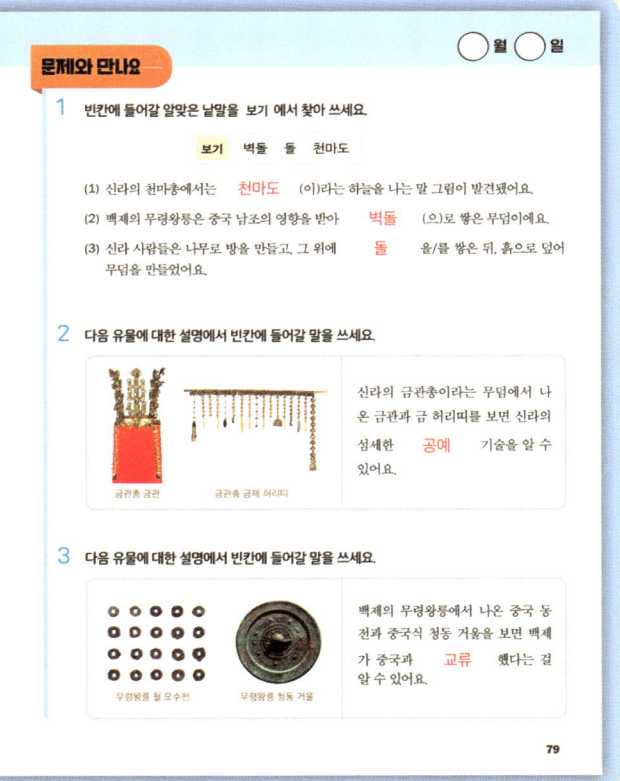

금관총 금관   금관총 금제 허리띠

신라의 금관총이라는 무덤에서 나온 금관과 금 허리띠를 보면 신라의 섬세한 **공예** 기술을 알 수 있어요.

3 다음 유물에 대한 설명에서 빈칸에 들어갈 말을 쓰세요.

무령왕릉 철 오수전   무령왕릉 청동 거울

백제의 무령왕릉에서 나온 중국 동전과 중국식 청동 거울을 보면 백제가 중국과 **교류** 했다는 걸 알 수 있어요.

79

문제와 만나요

○월 ○일

1 빈칸에 들어갈 알맞은 낱말을 보기 에서 찾아 쓰세요.

보기 고구려 불교 권위

(1) 불교는 왕의 **권위** 을/를 높이는 데 도움이 되었어요.

(2) **고구려** 은/는 삼국 중 가장 먼저 불교를 받아들인 나라예요.

(3) 삼국의 왕들은 **불교** 을/를 통해 백성들의 마음을 하나로 모으려고 했어요.

2 다음 불교 국가유산은 어느 나라가 만들었는지 나라 이름을 쓰세요.

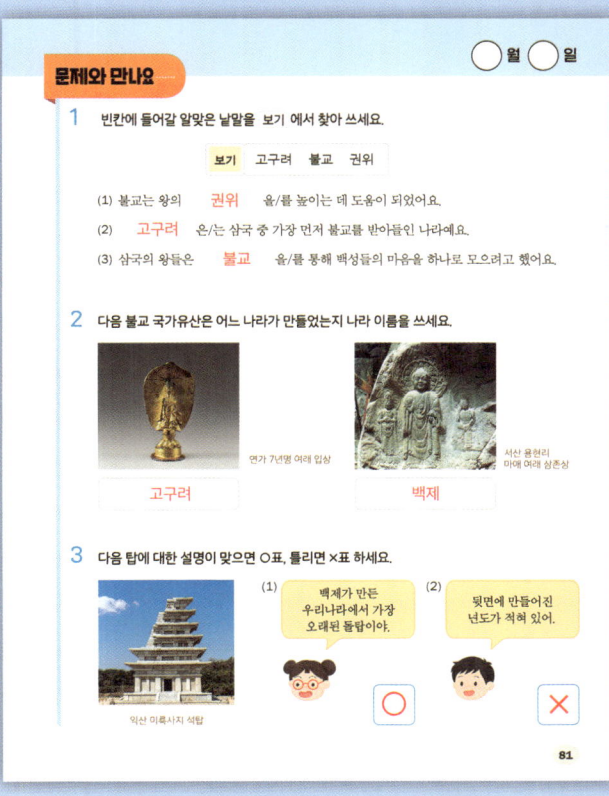

연가 7년명 여래 입상

고구려

서산 용현리 마애 여래 삼존상

백제

3 다음 탑에 대한 설명이 맞으면 ○표, 틀리면 ×표 하세요.

익산 미륵사지 석탑

(1) 백제가 만든 우리나라에서 가장 오래된 돌탑이야. ○

(2) 뒷면에 만들어진 년도가 적혀 있어. ×

81

○월 ○일

1 빈칸에 들어갈 알맞은 낱말을 보기 에서 찾아 쓰세요.

보기 신라 목탑 벽돌

(1) **신라** 은/는 삼국 가운데 가장 늦게 불교를 받아들였어요.

(2) 황룡사 9층 **목탑** 은/는 고려 시대 몽골의 침입으로 불에 탔어요.

(3) 분황사 모전 석탑은 돌을 **벽돌** 처럼 네모나게 다듬어 쌓아 올린 탑이에요.

2 다음과 같은 말을 한 신라 사람은 누구인지 이름을 쓰세요.

이차돈

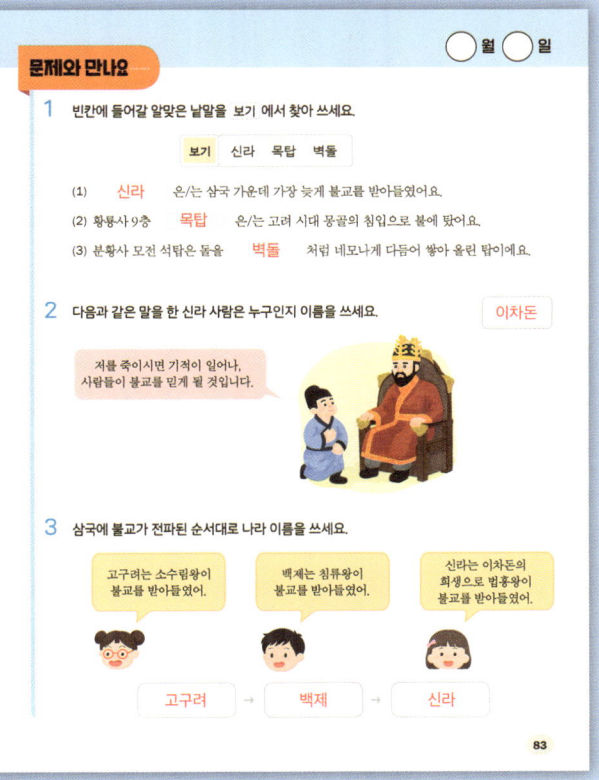

저를 죽이시면 기적이 일어나, 사람들이 불교를 믿게 될 것입니다.

3 삼국에 불교가 전파된 순서대로 나라 이름을 쓰세요.

고구려는 소수림왕이 불교를 받아들였어.

백제는 침류왕이 불교를 받아들였어.

신라는 이차돈의 희생으로 법흥왕이 불교를 받아들였어.

고구려 → 백제 → 신라

83

문제와 만나요

○월 ○일

1 빈칸에 들어갈 알맞은 낱말을 보기 에서 찾아 쓰세요.

보기 변화 첨성대 신선

(1) **첨성대** 은/는 우리나라에서 가장 오래된 천문대예요.

(2) 삼국 시대 사람들은 하늘의 **변화** 을/를 잘 살펴보았어요.

(3) 백제 금동대향로는 향을 피우면 연기와 함께 **신선** 의 세계가 펼쳐지는 것처럼 보여요.

2 다음 국가유산은 어느 나라가 만들었는지 나라 이름을 쓰세요.

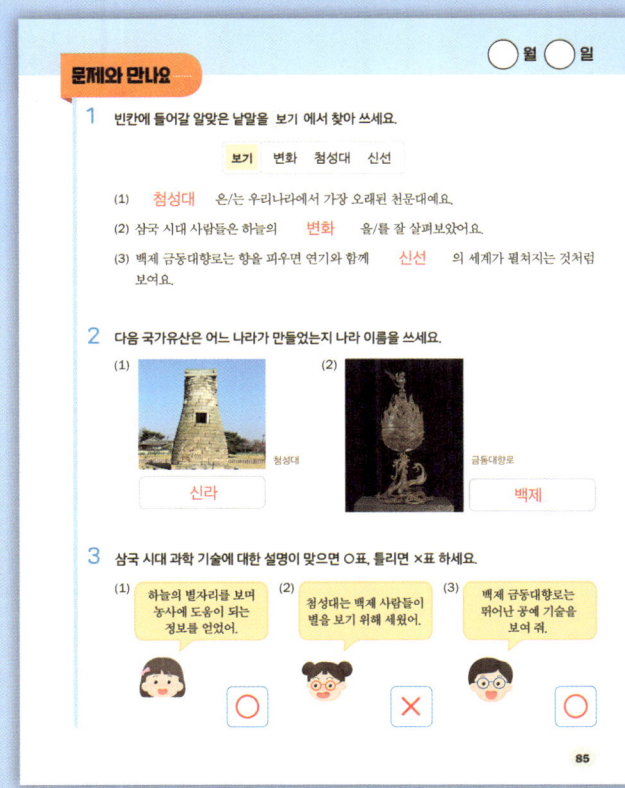

(1) 첨성대 **신라**

(2) 금동대향로 **백제**

3 삼국 시대 과학 기술에 대한 설명이 맞으면 ○표, 틀리면 ×표 하세요.

(1) 하늘의 별자리를 보며 농사에 도움이 되는 정보를 얻었어. ○

(2) 첨성대는 백제 사람들이 별을 보기 위해 세웠어. ×

(3) 백제 금동대향로는 뛰어난 공예 기술을 보여 줘. ○

85

○월 ○일

1 빈칸에 들어갈 알맞은 낱말을 보기 에서 찾아 쓰세요.

보기 중국 서역 일본

(1) 가야의 토기는 **일본** 의 토기에 영향을 주었어요.

(2) 신라의 무덤에서 발견된 유리그릇은 **서역** 에서 온 물건이에요.

(3) **중국** 에서 전해진 유교, 불교, 한자, 과학 기술은 삼국과 가야의 발전에 큰 영향을 주었어요.

2 다음 국가유산에 대한 설명에서 빈칸에 들어갈 알맞은 말을 쓰세요.

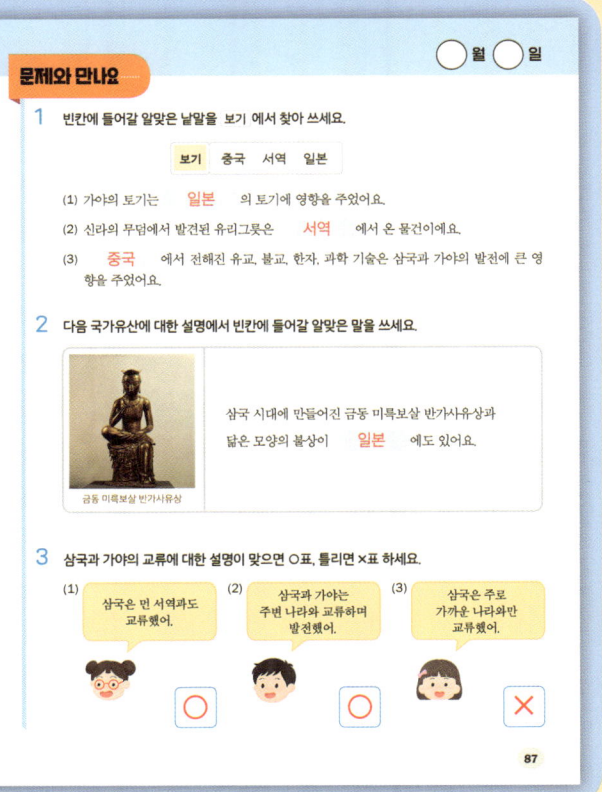

금동 미륵보살 반가사유상

삼국 시대에 만들어진 금동 미륵보살 반가사유상과 닮은 모양의 불상이 **일본** 에도 있어요.

3 삼국과 가야의 교류에 대한 설명이 맞으면 ○표, 틀리면 ×표 하세요.

(1) 삼국은 먼 서역과도 교류했어. ○

(2) 삼국과 가야는 주변 나라와 교류하며 발전했어. ○

(3) 삼국은 주로 가까운 나라와만 교류했어. ×

87

18일차

○월 ○일

1 삼국 시대 귀족의 생활 모습으로 알맞은 것을 고르세요. [④]

① 농사를 짓기 위해 땅을 빌렸어요.
② 곡식과 옷감을 세금으로 바쳤어요.
③ 초가집에 살며 밭농사를 지었어요.
④ 비단옷을 입고 맛있는 음식을 먹었어요.

2 다음에서 설명하는 신분으로 알맞은 것을 고르세요. [②]

주로 농사를 지으며 살았고,
나라에 곡물이나 옷감, 특산물을 바쳤어.

① 귀족 ② 평민 ③ 노비 ④ 왕

3 다음 고구려의 벽화를 통해 알 수 있는 것을 고르세요. [④]

무용총 접객도(모사화)

① 향을 피우는 향로가 있어요.
② 신라 무덤에서 발견되었어요.
③ 무덤 안에 별자리가 그려져 있어요.
④ 신분이 높은 사람은 크게, 낮은 사람은 작게 그렸어요.

4 다음에서 설명하는 국가유산은 무엇인지 고르세요. [①]

－백제 무령왕과 왕비의 무덤이에요.
－중국 남조의 영향을 받아 벽돌로 쌓았어요.
－백제가 중국을 비롯한 다른 나라와 교류했다는 사실을 알 수 있어요.

① 무령왕릉 ② 수산리 고분 교예도
③ 첨성대 ④ 익산 미륵사지 석탑

5 삼국의 왕들이 불교를 받아들인 이유를 고르세요. [③]

① 부처님을 직접 만나기 위해서
② 절을 많이 지어서 나라의 건축 기술을 발전시키기 위해서
③ 백성들의 마음을 하나로 모으고 왕의 권위를 높이기 위해서
④ 백성들에게 새로운 종교를 강제로 믿게 해서 돈을 걷으려고

6 다음 탑에 대한 설명으로 틀린 것을 고르세요. [③]

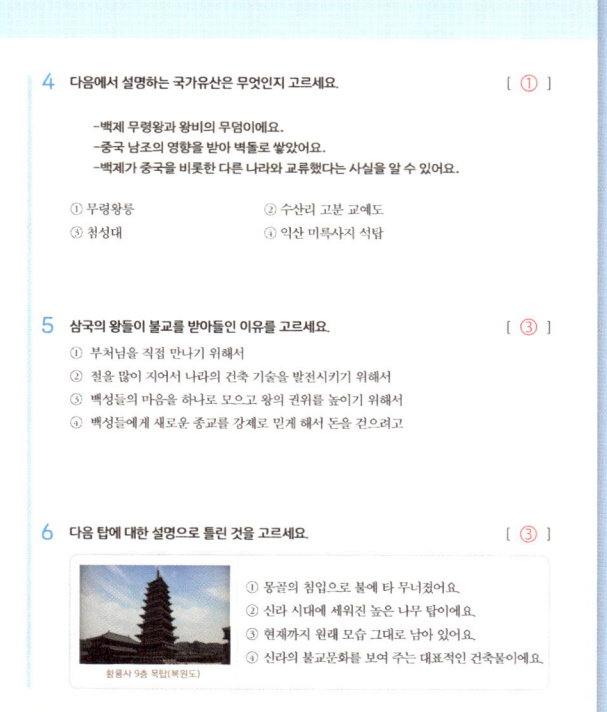
황룡사 9층 목탑(복원도)

① 몽골의 침입으로 불에 타 무너졌어요.
② 신라 시대에 세워진 높은 나무 탑이에요.
③ 현재까지 원래 모습 그대로 남아 있어요.
④ 신라의 불교문화를 보여 주는 대표적인 건축물이에요.

89

90

18일차

7 다음 각 나라의 불교 국가유산과 설명을 찾아 선을 이으세요.

(1) 고구려 ——
연가 7년명 여래 입상

뒷면에 만들어진 년도가 적혀 있어요.

(2) 백제
분황사 모전 석탑

부처 세 분의 미소를 백제의 미소라고 불러요.

(3) 신라
서산 용현리 마애 여래 삼존상

돌을 벽돌처럼 네모나게 다듬어 쌓았어요.

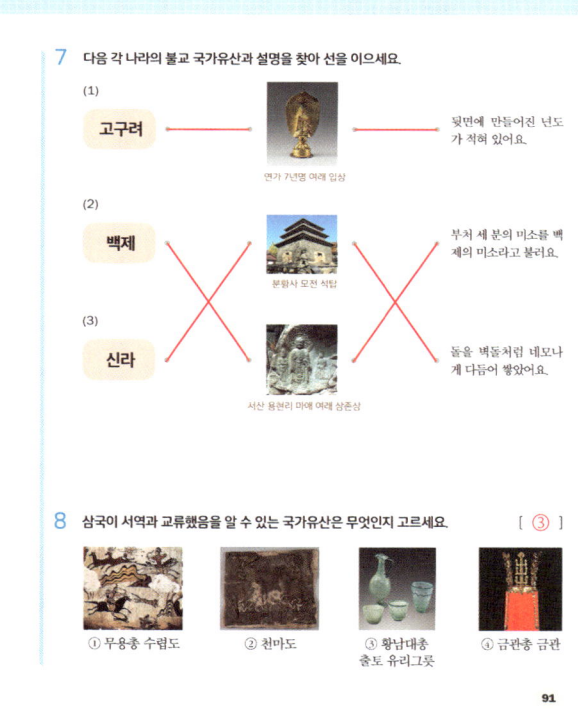

8 삼국이 서역과 교류했음을 알 수 있는 국가유산은 무엇인지 고르세요. [③]

① 무용총 수렵도
② 천마도
③ 황남대총 출토 유리그릇
④ 금관총 금관

91

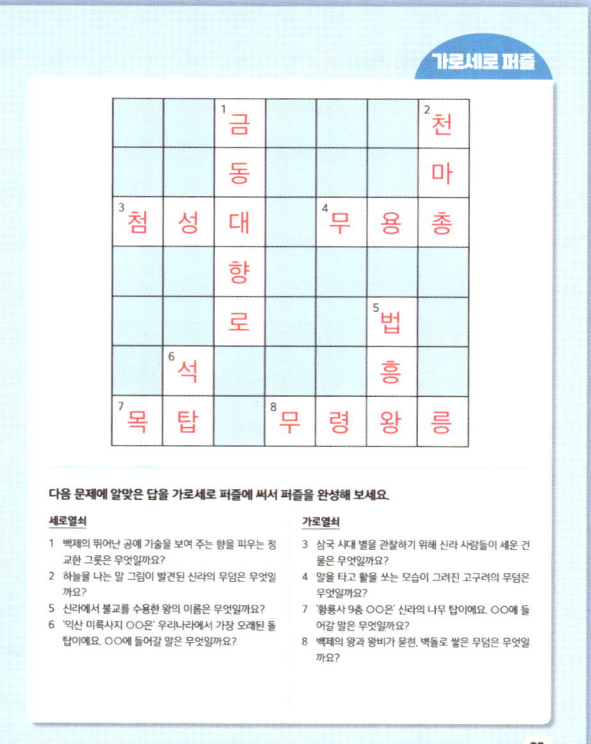

다음 문제에 알맞은 답을 가로세로 퍼즐에 써서 퍼즐을 완성해 보세요.

세로열쇠

1 백제의 뛰어난 공예 기술을 보여 주는 향을 피우는 정교한 그릇은 무엇일까요?
2 하늘을 나는 말 그림이 발견된 신라의 무덤은 무엇일까요?
5 신라에서 불교를 수용한 왕의 이름은 무엇일까요?
6 '익산 미륵사지 ○○'은 우리나라에서 가장 오래된 돌탑이에요. ○○에 들어갈 말은 무엇일까요?

가로열쇠

3 삼국 시대 별을 관찰하기 위해 신라 사람들이 세운 건물은 무엇일까요?
4 말을 타고 활을 쏘는 모습이 그려진 고구려의 무덤은 무엇일까요?
7 '황룡사 9층 ○○'은 신라의 나무 탑이에요. ○○에 들어갈 말은 무엇일까요?
8 백제의 왕과 왕비가 묻힌, 벽돌로 쌓은 무덤은 무엇일까요?

93

문제와 만나요 ⦿ 월 ⦿ 일

1 빈칸에 들어갈 알맞은 낱말을 보기 에서 찾아 쓰세요.

보기 살수대첩 안시성 수나라

(1) 고구려가 당나라를 물리친 전투를 **안시성** 전투라고 해요.

(2) 고구려가 수나라를 상대로 크게 이긴 싸움을 **살수대첩** (이)라고 불러요.

(3) **수나라** 은/는 혼란스럽던 중국을 통일한 뒤, 고구려를 정복하려고 했어요.

2 다음 사건이 일어난 순서에 맞게 기호를 쓰세요.

㉠ 수나라의 뒤를 이어 당나라가 고구려를 쳐들어왔어요.
㉡ 고구려는 안시성에서 당나라 군대의 공격을 막아 냈어요.
㉢ 고구려의 장군 을지문덕이 청천강(살수)에서 수나라를 물리쳤어요.
㉣ 수나라의 황제는 무려 113만 명의 군대를 이끌고 고구려를 침입했어요.

㉣ → ㉢ → ㉠ → ㉡

3 다음 빈칸에 공통으로 들어갈 나라 이름을 쓰세요.

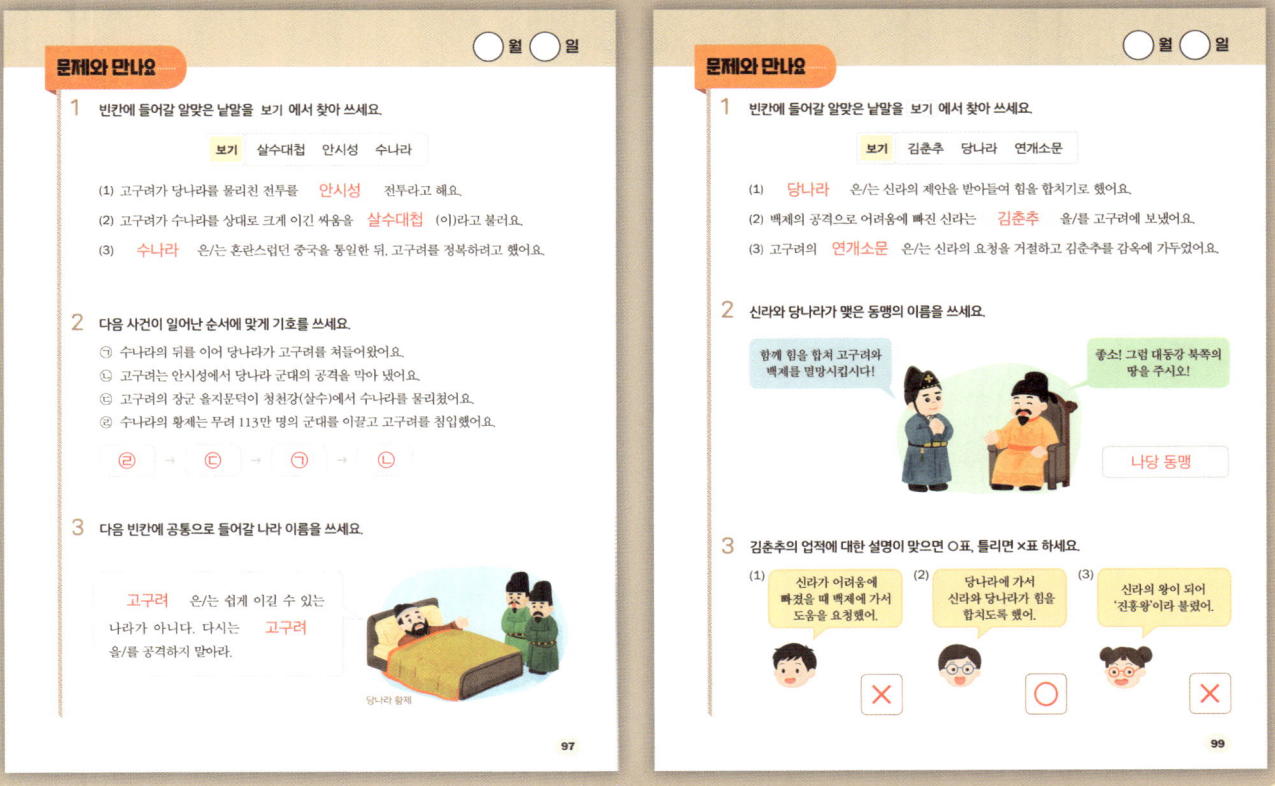

고구려 은/는 쉽게 이길 수 있는 나라가 아니다. 다시는 **고구려** 을/를 공격하지 말아라.

당나라 황제

97

문제와 만나요 ⦿ 월 ⦿ 일

1 빈칸에 들어갈 알맞은 낱말을 보기 에서 찾아 쓰세요.

보기 김춘추 당나라 연개소문

(1) **당나라** 은/는 신라의 제안을 받아들여 힘을 합치기로 했어요.

(2) 백제의 공격으로 어려움에 빠진 신라는 **김춘추** 을/를 고구려에 보냈어요.

(3) 고구려의 **연개소문** 은/는 신라의 요청을 거절하고 김춘추를 감옥에 가두었어요.

2 신라와 당나라가 맺은 동맹의 이름을 쓰세요.

함께 힘을 합쳐 고구려와 백제를 멸망시킵시다!

좋소! 그럼 대동강 북쪽의 땅을 주시오!

나당 동맹

3 김춘추의 업적에 대한 설명이 맞으면 O표, 틀리면 ×표 하세요.

(1) 신라가 어려움에 빠졌을 때 백제에 가서 도움을 요청했어. ✕

(2) 당나라에 가서 신라와 당나라가 힘을 합치도록 했어. ◯

(3) 신라의 왕이 되어 '진흥왕'이라 불렸어. ✕

99

문제와 만나요 ⦿ 월 ⦿ 일

1 빈칸에 들어갈 알맞은 낱말을 보기 에서 찾아 쓰세요.

보기 백제 관창 김유신

(1) 나당 연합군은 먼저 **백제** 을/를 공격했어요.

(2) **김유신** 장군은 5만 명의 신라 군대를 이끌고 황산벌에서 백제와 맞섰어요.

(3) 신라의 어린 화랑 **관창** 은/는 나라를 위해 목숨을 다해 싸우다 죽음을 맞이했어요.

2 다음은 누가 한 말인지 인물의 이름을 쓰세요. **계백**

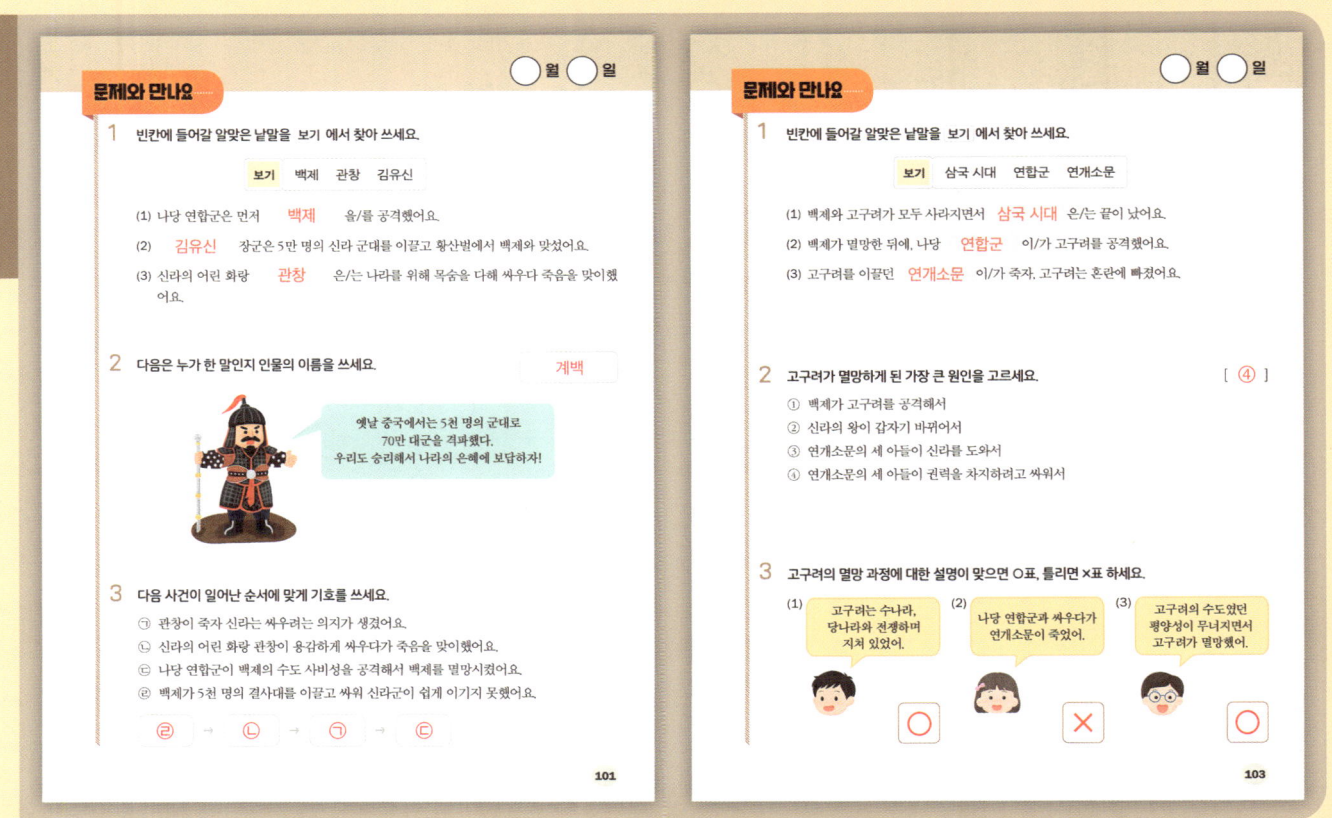

옛날 중국에서는 5천 명의 군대로 70만 대군을 격파했다. 우리도 승리해서 나라의 은혜에 보답하자!

3 다음 사건이 일어난 순서에 맞게 기호를 쓰세요.

㉠ 관창이 죽자 신라는 싸우려는 의지가 생겼어요.
㉡ 신라의 어린 화랑 관창이 용감하게 싸우다가 죽음을 맞이했어요.
㉢ 나당 연합군이 백제의 수도 사비성을 공격해서 백제를 멸망시켰어요.
㉣ 백제가 5천 명의 결사대를 이끌고 싸워 신라군이 쉽게 이기지 못했어요.

㉣ → ㉡ → ㉠ → ㉢

101

문제와 만나요 ⦿ 월 ⦿ 일

1 빈칸에 들어갈 알맞은 낱말을 보기 에서 찾아 쓰세요.

보기 삼국 시대 연합군 연개소문

(1) 백제와 고구려가 모두 사라지면서 **삼국 시대** 은/는 끝이 났어요.

(2) 백제가 멸망한 뒤에, 나당 **연합군** 이/가 고구려를 공격했어요.

(3) 고구려를 이끌던 **연개소문** 이/가 죽자, 고구려는 혼란에 빠졌어요.

2 고구려가 멸망하게 된 가장 큰 원인을 고르세요. [④]

① 백제가 고구려를 공격해서
② 신라의 왕이 갑자기 바뀌어서
③ 연개소문의 세 아들이 신라를 도와서
④ 연개소문의 세 아들이 권력을 차지하려고 싸워서

3 고구려의 멸망 과정에 대한 설명이 맞으면 O표, 틀리면 ×표 하세요.

(1) 고구려는 수나라, 당나라와 전쟁하며 지쳐 있었어. ◯

(2) 나당 연합군과 싸우다가 연개소문이 죽었어. ✕

(3) 고구려의 수도였던 평양성이 무너지면서 고구려가 멸망했어. ◯

103

21일차

○월 ○일

1 빈칸에 들어갈 알맞은 낱말을 보기 에서 찾아 쓰세요.

보기 당나라 나당 전쟁 삼국 통일

(1) 신라와 당나라가 싸운 전쟁을 **나당 전쟁** (이)라고 해요.

(2) 신라는 당나라를 몰아내고 마침내 완전한 **삼국 통일** 을/를 이루었어요.

(3) 백제와 고구려가 멸망하자, **당나라** 은/는 신라와의 약속을 지키지 않았어요.

2 나당 전쟁이 일어난 순서에 맞게 기호를 쓰세요.

㉠ 신라는 대동강 남쪽에서 당나라를 모두 몰아냈어요.
㉡ 신라는 매소성과 기벌포에서 당나라와 전투를 벌였어요.
㉢ 당나라는 땅을 나누지 않고 한반도 전체를 차지하려고 했어요.
㉣ 신라는 당나라에 맞서 싸우기로 결심하고, 옛 백제와 고구려 사람들의 힘을 모았어요.

㉢ → ㉣ → ㉡ → ㉠

3 다음은 누가 한 말인지 인물의 이름을 쓰세요.

문무왕

죽어서도 바다의 용이 되어
우리 신라를 지키겠다.

105

○월 ○일

1 빈칸에 들어갈 알맞은 낱말을 보기 에서 찾아 쓰세요.

보기 발전 전쟁 고구려

(1) 신라는 **고구려** 의 옛 땅 일부는 되찾지 못했어요.

(2) 신라가 삼국을 통일하면서 문화와 기술이 더 **발전** 할 수 있었어요.

(3) 삼국이 하나로 통일되자 더 이상 큰 **전쟁** 이/가 일어나지 않았어요.

2 신라의 삼국 통일을 어떻게 생각하는지 괄호에 ○표 한 뒤 이유를 쓰세요.

당나라의 힘을 빌리기는 했지만, 신라가 처음으로 우리 민족을 통일한 일은 잘한 일이야.

신라의 통일은 자주적이지 못한 통일이야. 신라가 당을 끌어들였기 때문에 고구려 영토의 대부분을 잃었어.

(예시 답안)

나는 삼국 통일은 (**잘한 일이라고** / 자주적이지 못한 일이라고) 생각해요.

왜냐하면 **더 이상 큰 전쟁이 일어나지 않았기 때문이에요.**

3 다음은 누가 한 말인지 인물의 이름을 쓰세요.

신문왕

아버지의 뜻을 기리고,
부처님의 힘을 빌려 왜의 침략을
막기 위해 감은사를 지어라!

107

22일차

○월 ○일

1 빈칸에 들어갈 알맞은 낱말을 보기 에서 찾아 쓰세요.

보기 당나라 고구려 남북국

(1) 고구려가 멸망하고, 많은 고구려 사람들이 **당나라** 에 끌려갔어요.

(2) 대조영과 백성들은 발해가 **고구려** 을/를 이은 나라라고 생각했어요.

(3) 남쪽에는 신라, 북쪽에는 발해가 함께 존재하던 시기를 **남북국** 시대라고 불러요.

2 발해의 건국을 일이 일어난 순서에 맞게 기호를 쓰세요.

㉠ 대조영은 쫓아오는 당나라 군대와 싸워 이겼어요.
㉡ 대조영과 따르는 사람들이 동모산에 도착해 나라를 세웠어요.
㉢ 대조영이 고구려 유민과 말갈 사람들을 이끌고 당나라를 빠져나왔어요.

㉢ → ㉠ → ㉡

3 대조영과 발해에 대한 설명이 맞으면 ○표, 틀리면 ×표 하세요.

(1) 대조영은 당나라를 도와 나라를 세웠어. ✕

(2) 발해는 고구려 사람과 말갈 사람들이 함께 세운 나라야. ○

(3) 당나라와 신라는 발해를 나라로 인정하지 않았어. ✕

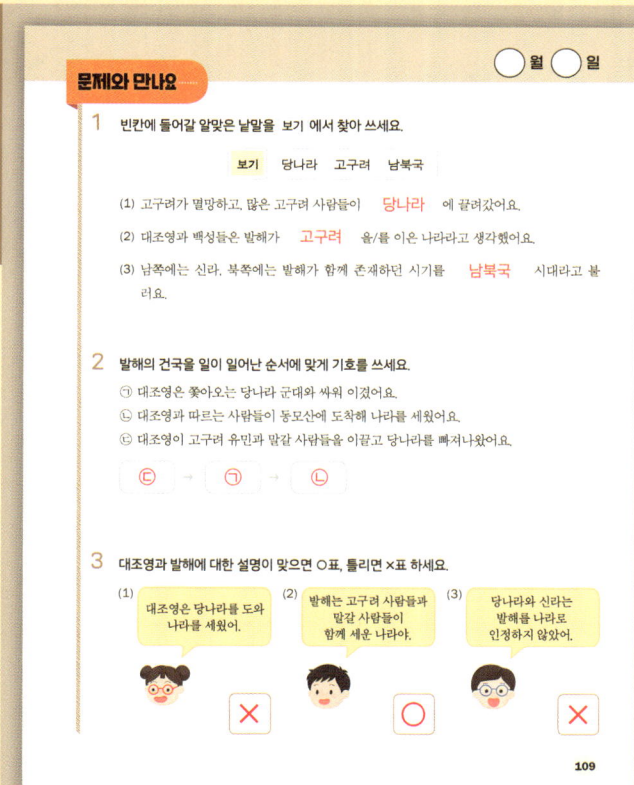

109

○월 ○일

1 빈칸에 들어갈 알맞은 낱말을 보기 에서 찾아 쓰세요.

보기 해동성국 교류 거란

(1) 발해는 **거란** 의 공격을 받아 926년에 멸망했어요.

(2) 당나라 사람들은 발해를 **해동성국** (이)라고 불렀어요.

(3) 발해는 여러 나라와 **교류** 하면서 점점 강한 나라가 되었어요.

2 발해의 왕과 어울리는 업적을 찾아 선을 이으세요.

(1) 무왕 ─ 영토를 가장 넓혔고 문화도 크게 발전시켰어요.

(2) 선왕 ─ 당나라에 맞서 싸우며 발해의 땅을 만주 북쪽까지 넓혔어요.

3 발해에 대한 설명이 맞으면 ○표, 틀리면 ×표 하세요.

(1) 발해는 처음부터 당나라와 사이가 매우 좋았어. ✕

(2) 나중에 발해는 귀족들 사이에 권력 다툼이 벌어졌어. ○

(3) 발해는 고려의 공격으로 멸망했어. ✕

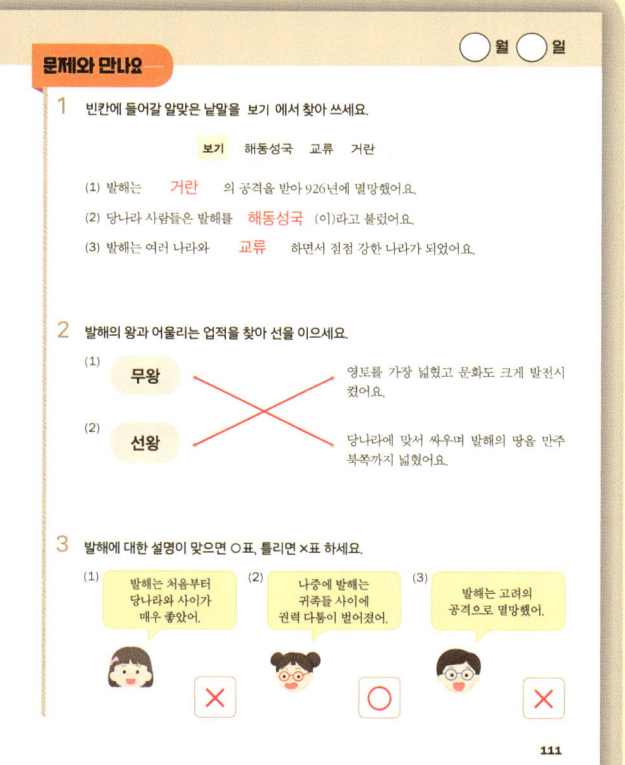

111

문제와 만나요

○월 ○일

1 빈칸에 들어갈 알맞은 낱말을 보기 에서 찾아 쓰세요.

> 보기 평민 귀족 동궁과 월지

(1) 신라의 **귀족** 들은 노비를 거느리며 풍족하게 살았어요.

(2) 경주의 **동궁과 월지** 은/는 왕이 신하들과 잔치를 벌이던 곳이에요.

(3) 신라의 **평민** 들은 주로 농사를 지으며 나라에 세금을 냈어요.

2 유물과 어울리는 설명을 찾아 선을 이으세요.

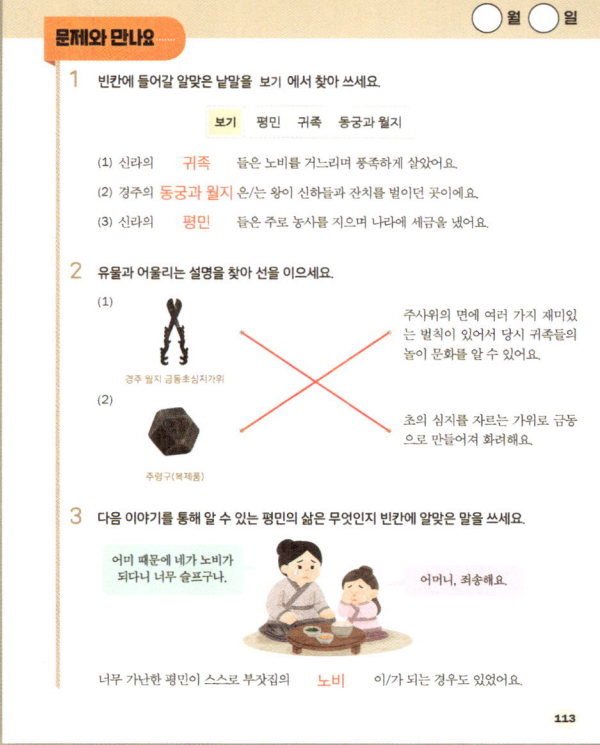

(1) 경주 월지 금동초심지가위

(2) 주령구(복제품)

주사위의 면에 여러 가지 재미있는 벌칙이 있어서 당시 귀족들의 놀이 문화를 알 수 있어요.

초의 심지를 자르는 가위로 금동으로 만들어져 화려해요.

3 다음 이야기를 통해 알 수 있는 평민의 삶은 무엇인지 빈칸에 알맞은 말을 쓰세요.

어미 때문에 네가 노비가 되다니 너무 슬프구나.

어머니, 죄송해요.

너무 가난한 평민이 스스로 부잣집의 **노비** 이/가 되는 경우도 있었어요.

113

○월 ○일

1 빈칸에 들어갈 알맞은 낱말을 보기 에서 찾아 쓰세요.

> 보기 일본 온돌 고구려

(1) 발해는 고구려의 난방 방식인 **온돌** 을/를 사용했어요.

(2) 중국의 역사책에서도 발해를 '**고구려** 을/를 이은 나라'라고 표현했어요.

(3) **일본** 은/는 발해에 보낸 사신을 고려(고구려)에 보낸 사신이라고 불렀어요.

2 다음 설명에서 빈칸에 들어갈 알맞은 말을 쓰세요.

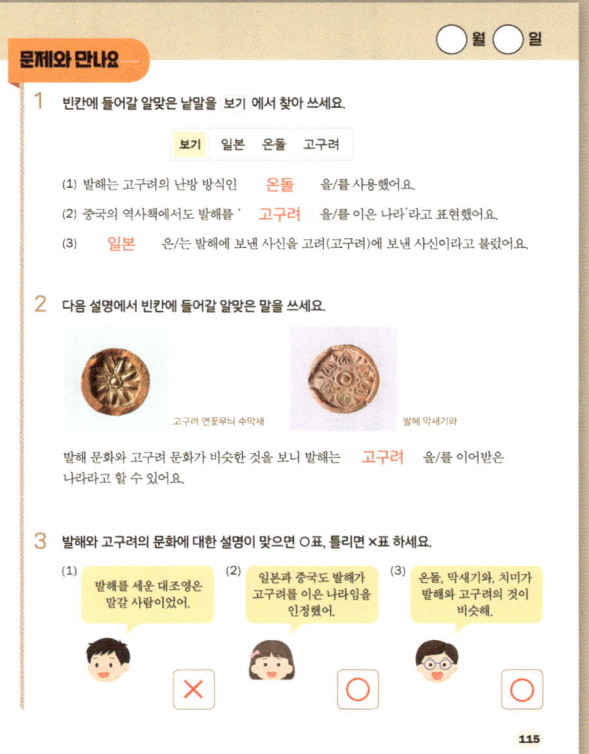

고구려 연꽃무늬 수막새

발해 막새기와

발해 문화와 고구려 문화가 비슷한 것을 보니 발해는 **고구려** 을/를 이어받은 나라라고 할 수 있어요.

3 발해와 고구려의 문화에 대한 설명이 맞으면 ○표, 틀리면 ×표 하세요.

(1) 발해를 세운 대조영은 말갈 사람이었어. ×

(2) 일본과 중국도 발해가 고구려를 이은 나라임을 인정했어. ○

(3) 온돌, 막새기와, 치미가 발해와 고구려의 것이 비슷해. ○

115

문제와 만나요

○월 ○일

1 빈칸에 들어갈 알맞은 낱말을 보기 에서 찾아 쓰세요.

> 보기 불국사 석굴암 세계유산

(1) 불국사와 석굴암은 유네스코 **세계유산** (으)로 지정되었어요.

(2) **석굴암** 은/는 돌을 하나하나 다듬어 만든 굴 모양의 불교 건물이에요.

(3) **불국사** 은/는 통일 신라 사람들이 부처의 나라를 이루려는 마음을 담아 지은 아름다운 절이에요.

2 다음 불국사의 탑에 대한 설명으로 알맞은 것을 찾아 이으세요.

(1) 다보탑

(2) 불국사 삼층 석탑

단순하고 차분한 모양으로 신라 사람들의 절제된 아름다움을 보여 줘.

화려한 장식으로 부처의 보물과 지혜를 상징해.

117

○월 ○일

1 빈칸에 들어갈 알맞은 낱말을 보기 에서 찾아 쓰세요.

> 보기 불교 돌 발해

(1) 발해에서도 많은 사람들이 **불교** 을/를 믿었어요.

(2) 석등은 절에 세우는 **돌** (으)로 만든 등불 기둥이에요.

(3) 이불병좌상에는 **발해** 불교만의 독특하고 아름다운 모습이 나타나요.

2 다음에서 서로 관련 있는 것끼리 선을 이으세요.

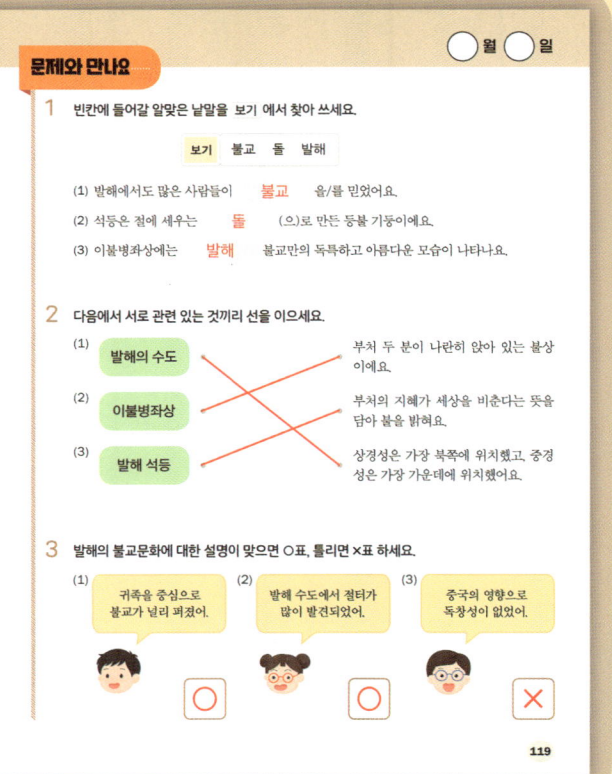

(1) 발해의 수도

(2) 이불병좌상

(3) 발해 석등

부처 두 분이 나란히 앉아 있는 불상이에요.

부처의 지혜가 세상을 비춘다는 뜻을 담아 불을 밝혀요.

상경성은 가장 북쪽에 위치했고, 중경성은 가장 가운데에 위치했어요.

3 발해의 불교문화에 대한 설명이 맞으면 ○표, 틀리면 ×표 하세요.

(1) 귀족을 중심으로 불교가 널리 퍼졌어. ○

(2) 발해 수도에서 절터가 많이 발견되었어. ○

(3) 중국의 영향으로 독창성이 없었어. ×

119

문제로 확인해요

1 다음에서 설명하는 인물은 누구인지 고르세요. [①]

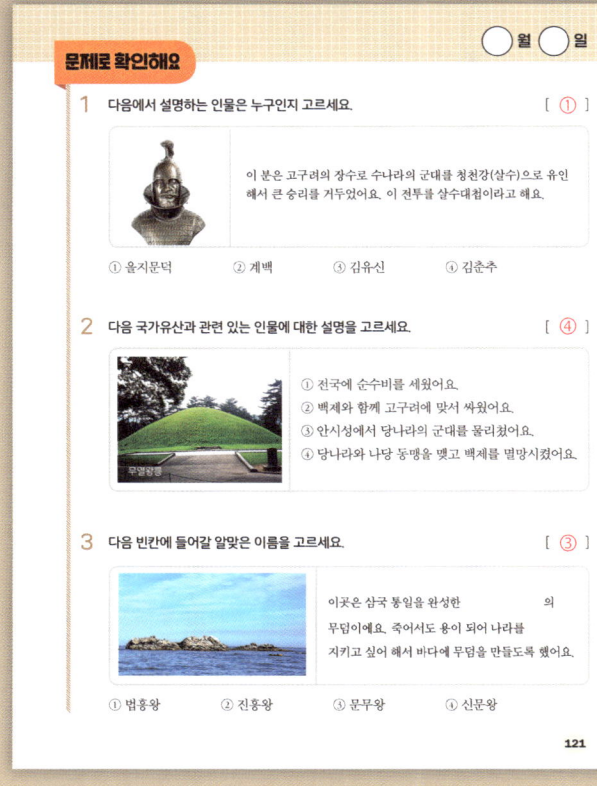

이 분은 고구려의 장수로 수나라의 군대를 청천강(살수)으로 유인해서 큰 승리를 거두었어요. 이 전투를 살수대첩이라고 해요.

① 을지문덕   ② 계백   ③ 김유신   ④ 김춘추

2 다음 국가유산과 관련 있는 인물에 대한 설명을 고르세요. [④]

무령왕릉

① 전국에 순수비를 세웠어요.
② 백제와 함께 고구려에 맞서 싸웠어요.
③ 안시성에서 당나라의 군대를 물리쳤어요.
④ 당나라와 나당 동맹을 맺고 백제를 멸망시켰어요.

3 다음 빈칸에 들어갈 알맞은 이름을 고르세요. [③]

이곳은 삼국 통일을 완성한 ___의 무덤이에요. 죽어서도 용이 되어 나라를 지키고 싶어서 바다에 무덤을 만들도록 했어요.

① 법흥왕   ② 진흥왕   ③ 문무왕   ④ 신문왕

121

4 다음 지도와 관련 있는 나라에 대한 설명을 고르세요. [②]

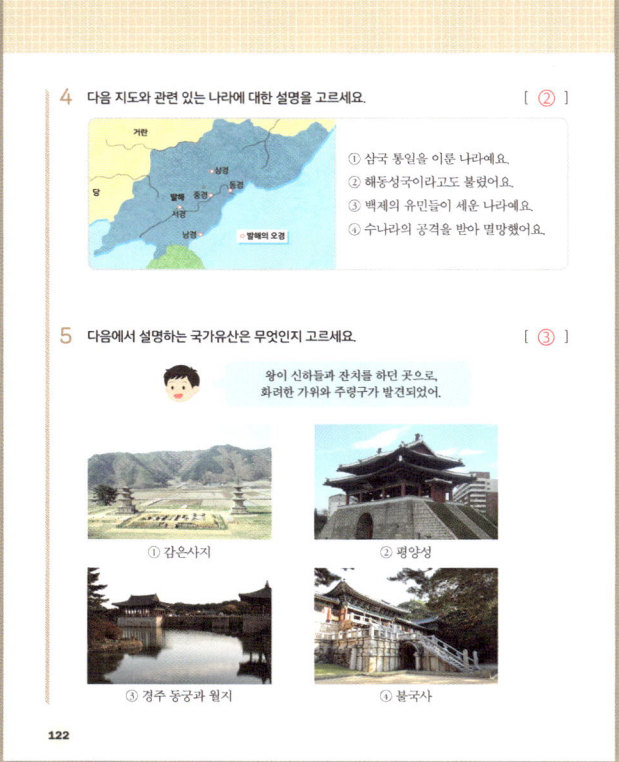

① 삼국 통일을 이룬 나라예요.
② 해동성국이라고도 불렸어요.
③ 백제의 유민들이 세운 나라예요.
④ 수나라의 공격을 받아 멸망했어요.

5 다음에서 설명하는 국가유산은 무엇인지 고르세요. [③]

왕이 신하들과 잔치를 하던 곳으로, 화려한 가위와 주령구가 발견되었어.

① 감은사지   ② 평양성
③ 경주 동궁과 월지   ④ 불국사

122

6 다음 발해에 대한 설명을 통해 알 수 있는 것을 고르세요. [②]

- 발해는 고구려와 비슷한 온돌과 기와를 사용했어요.
- 중국의 역사책에서 발해를 '고구려를 이은 나라'로 표현했어요.
- 일본은 발해에 보낸 사신을 고구려에 보낸 사신이라고 불렀어요.

① 발해는 백제의 문화를 계승했어요.
② 발해는 고구려를 이어받은 나라예요.
③ 발해는 중국 당나라가 세운 나라예요.
④ 발해는 신라의 제도를 그대로 따랐어요.

7 다음에서 설명하는 국가유산은 무엇인지 고르세요. [④]

발해에서도 불교와 관련된 아름다운 국가유산이 남아 있어. 이 국가유산은 중국의 영향과 고구려의 전통이 조화를 이루어, 발해 불교만의 독특하고 아름다운 모습이 나타나 있어.

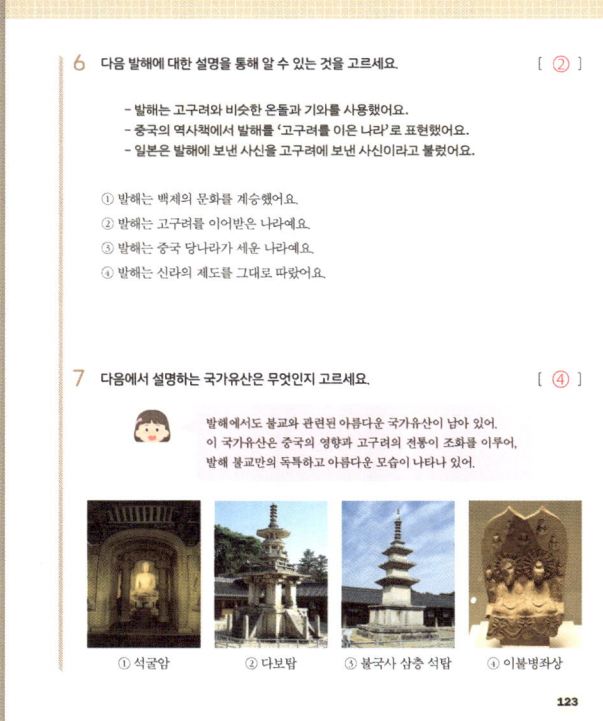

① 석굴암   ② 다보탑   ③ 불국사 삼층 석탑   ④ 이불병좌상

123

낱말 퍼즐 찾기

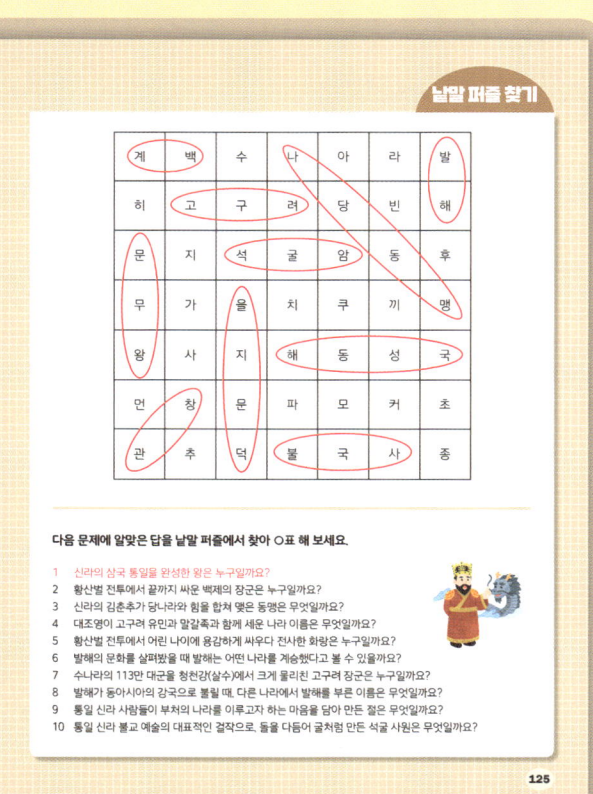

계	백	수	나	아	라	발
히	고	구	려	당	빈	해
문	지	석	굴	암	동	후
무	가	을	치	쿠	끼	맹
왕	사	지	해	동	성	국
언	창	문	파	모	커	초
관	추	덕	불	국	사	종

다음 문제에 알맞은 답을 낱말 퍼즐에서 찾아 ○표 해 보세요.

1 신라의 삼국 통일을 완성한 왕은 누구일까요?
2 황산벌 전투에서 끝까지 싸운 백제의 장군은 누구일까요?
3 신라의 김춘추가 당나라와 힘을 합쳐 맺은 동맹은 무엇일까요?
4 대조영이 고구려 유민과 말갈족과 함께 세운 나라 이름은 무엇일까요?
5 황산벌 전투에서 어린 나이에 용감하게 싸우다 전사한 화랑은 누구일까요?
6 발해의 문화를 살펴봤을 때 발해는 어떤 나라를 계승했다고 볼 수 있을까요?
7 수나라의 113만 대군을 청천강(살수)에서 크게 물리친 고구려 장군은 누구일까요?
8 발해가 동아시아의 강국으로 불릴 때 다른 나라에서 발해를 부른 이름은 무엇일까요?
9 통일 신라 사람들이 부처의 나라를 이루고자 하는 마음을 담아 만든 절은 무엇일까요?
10 통일 신라 불교 예술의 대표적인 걸작으로 돌을 다듬어 굴처럼 만든 석굴 사원은 무엇일까요?

125

활동지

상상하며 일기 쓰기

구석기 시대 사람들의 하루는 어땠을까요? 무엇을 먹고, 무엇을 입고, 무엇을 했을까요? **여러분이 구석기 시대 사람이 되었다고 상상해 보고, 하루 동안 있었던 일을 일기로 써 보세요.** 단, <보기>에서 3개 이상의 단어를 사용해서 써 보세요.

〈보기〉　　동굴　　불　　돌도끼　　가죽옷　　사냥　　채집

○월 ○일

신석기 시대 사람들은 토기에 빗살무늬를 그려 넣었어요. 여러분이 신석기 시대 사람이라면 토기에 어떤 무늬를 그리고 싶나요? **신석기 시대 사람이 되었다고 상상해 보고, 토기에 넣고 싶은 무늬를 그려 보세요.**

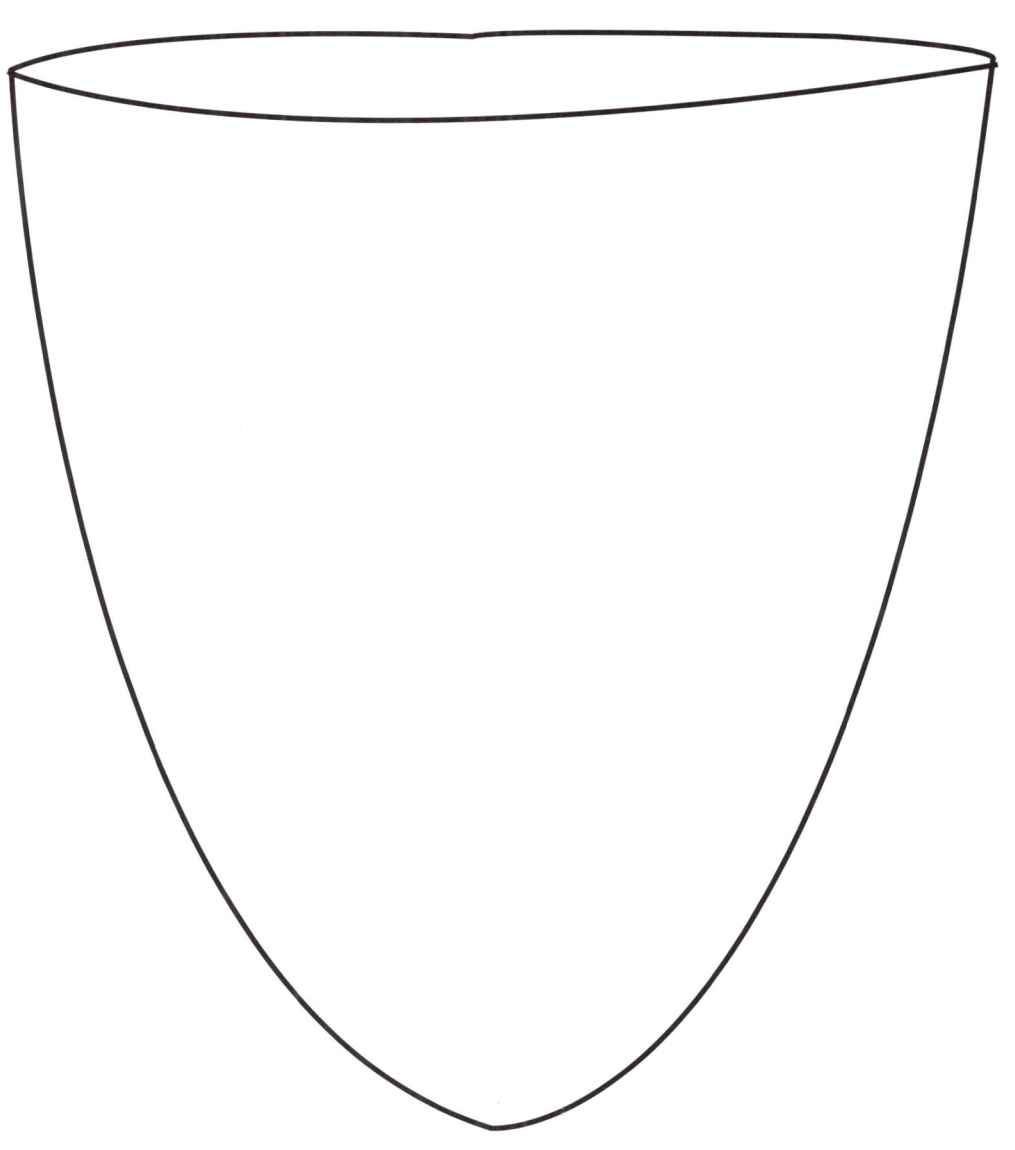

농경문 청동기에는 농사짓는 사람들의 모습이 새겨져 있어요. 땅을 가는 모습, 수확한 곡식을 그릇에 담는 모습이 담겨 있지요. 농경문 청동기의 부서진 부분에는 어떤 그림이 그려져 있었을까요? **고조선 사람들의 생각을 담아 농경문 청동기의 나머지 부분을 상상해서 그려 보세요.**

곡식을 그릇에 담는 모습 ← → 땅을 가는 모습

우리 역사에서 처음 생긴 나라, 고조선에는 법이 있었어요. 여덟 가지가 있어서 '8조법'이라 불리지만, 오늘날에는 세 가지만 전해지고 있어요. 나머지 다섯 가지에는 어떤 게 있었을까요? **여러분이 직접 다섯 가지 법을 만들어서 8조법을 완성해 보세요.**

8조법

● 사람을 죽인 자는 사형에 처한다.

● 남에게 상처를 입힌 자는 곡식으로 갚는다.

● 도둑질한 사람은 노비로 삼는데, 죄를 면하려면 50만 전을 내야 한다.

●

●

●

●

●

그림 그리고 설명하기

고구려, 백제, 신라, 가야에는 재미있는 건국 이야기가 전해져요. 여러분은 어떤 이야기가 가장 재미있었나요? **건국 이야기의 한 장면을 그림으로 표현하고, 어떤 장면인지 설명해 보세요**

이 장면은요

_____

_____

_____

만약 여러분이 새로운 나라의 왕이 된다면 어떤 나라를 만들어 보고 싶나요?
다음 질문에 답해 보며, **여러분이 만들고 싶은 나라를 표현해 보세요.**

나라 이름을 무엇으로 짓고 싶나요?

_____

왕이 되면 어떤 이름을 갖고 싶나요?

_____

나라를 상징하는 깃발을 만들어 볼까요? 깃발에 들어갈 그림을 그려 주세요.

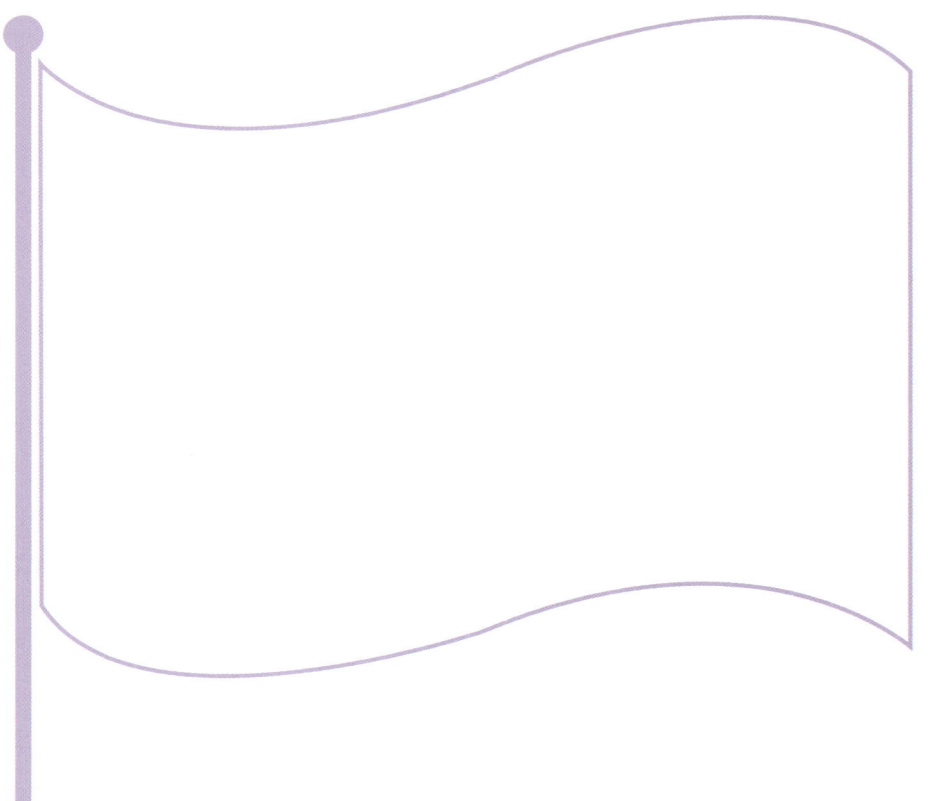

인물 카드 만들기

백제의 근초고왕, 고구려의 광개토대왕과 장수왕, 신라의 진흥왕은 각 나라의 전성기를 이룬 왕들이에요. **이들 중에서 한 사람을 정해 인물 카드를 만들어 볼까요?** 생김새를 그리고, 다음 특징들도 써 보세요.

*** _____ 인물 카드***
나라
특기
업적

능력치(색칠해 보세요)

리더십	☆☆☆☆☆
용기	☆☆☆☆☆
외교	☆☆☆☆☆
지혜	☆☆☆☆☆

칠지도는 백제가 일본과 교류하며 일본에게 준 특별한 선물이었어요. 이는 칠지도에 적힌 글을 통해 알 수 있어요. 만약 여러분이 칠지도에 글을 새긴다면 어떤 내용을 적고 싶은가요? **칠지도에 남기고 싶은 글을 적어 보세요.**

백 번이나 단련한 강철로 칠지도를 만들었는데 지금까지 이런 칼은 없었다. 백제의 왕세자가 만들어서 왜왕에게 주니, 후세에 전하여 주어라.

내가 칠지도에 남기고 싶은 글

_____

_____

_____

_____

_____

_____

광개토대왕은 고구려의 힘을 세상에 알린 위대한 왕이에요. 그의 아들 장수왕은 아버지의 업적을 기리기 위해 거대한 비석을 세웠어요. 바로 광개토대왕릉비예요. 광개토대왕릉비에는 어떤 내용이 쓰여 있을까요? **여러분이 알고 있는 광개토대왕의 업적을 비석에 써 보세요.**

사회에 필요한 규칙 만들기

신라의 화랑도는 원광법사에게서 다섯 가지 약속(세속오계)을 배웠어요. 여러분이 오늘날의 화랑이라면, 어떤 규칙을 만들어 지키고 싶나요? **사회나 나라를 위해 꼭 필요한 규칙을 만들어 보세요.**

세속오계	
사군이충 ▷	임금을 섬길 때는 충성스럽게 해야 한다.
사친이효 ▷	부모님을 섬길 때는 효도해야 한다.
교우이신 ▷	친구를 사귈 때는 믿음으로 해야 한다.
임전무퇴 ▷	전쟁에 나가면 물러서지 않는다.
살생유택 ▷	함부로 죽이지 말고 옳은 일에 싸워야 한다.

규칙 1	
규칙 2	
규칙 3	
규칙 4	
규칙 5	

고구려, 백제, 신라의 귀족들은 어떻게 살았을까요? 여러분이 귀족이 되었다고 상상해 보세요. **귀족이 되어 살았던 하루를 상상하여 일기를 써 주세요.** 단, 일기에는 다음과 같은 내용을 넣어 주세요.

> Q 어떤 옷을 입고 있었나요?
> Q 오늘 먹은 음식은 무엇인가요?
> Q 누구를 만나서 어떤 일을 했나요?
>
> Q 집은 어떤 모습인가요?
> Q 오늘의 기분이나 생각은 어떤가요?
> Q 누구에게 무슨 말을 했나요?

◯ 월 ◯ 일

삼국 시대에는 나라의 힘과 문화를 보여 주는 훌륭한 국가유산들이 많이 만들어졌어요. **여러분이 삼국의 국가유산 해설가가 되어, 가장 멋지다고 생각하는 유산을 카드로 만들어 소개해 주세요.**

국가유산을 소개해요.

국가유산 사진을 붙이거나
그림을 그려요.

나라

_____

만든 이유

_____

모양

_____

재료

_____

특징

_____

김춘추는 신라를 지키기 위해 당나라와 손잡는 나당 동맹을 맺었어요. 그 결과 신라는 삼국 통일에 성공했지만, 고구려 땅의 많은 부분을 잃었어요. **김춘추의 선택은 옳았을지 여러분의 생각을 써 주세요.**

함께 힘을 합쳐 고구려와 백제를 멸망시킵시다!

좋소! 그럼 대동강 북쪽의 땅을 주시오!

찬성 의견

나라를 지키기 위해 당나라와 손잡은 것은 현명한 선택이었어. 동맹으로 삼국 통일의 길을 열었기 때문이야.

반대 의견

외세의 힘에 의존한 결정은 잘못된 선택이었어. 고구려 땅의 많은 부분을 잃었기 때문이야.

나는 김춘추의 선택에 (찬성 / 반대) 해요.

그 이유는

_____

_____

발해의 석등은 단순히 어둠을 밝히는 것이 아니라 마음을 밝히는 상징이었어요. 여러분은 석등의 불을 켜듯 밝히고 싶은 마음이 있나요? **석등에 여러분의 소원이나 바람을 적어 주세요.**

사진 출처

1단원
12쪽 주먹도끼(국립중앙박물관), 슴베찌르개(국립청주박물관), 긁개(국립익산박물관) | 16쪽 갈돌과 갈판(부산광역시립박물관), 그물추(국립중앙박물관), 가락바퀴(국립청주박물관) | 18쪽 서울 암사동 유적 주거지 복원 모습(한국민족문화대백과사전), 빗살무늬 토기(국립공주박물관) | 20쪽 청동 잔무늬 거울(국립광주박물관), 덕산 청동 방울·반달 돌칼(국립중앙박물관) | 26쪽 참성단(국가유산청) | 28쪽 농경문 청동기(국립중앙박물관) | 30쪽 요령식 동검(국립중앙박물관), 탁자식 고인돌(위키미디어 코먼스) | 31쪽 빗살무늬 토기(국립중앙박물관) | 32쪽 거푸집·쇠창(국립중앙박물관) | 40쪽 스위스 군용 칼(셔터스톡)

2단원
46쪽 고구려 장군총(위키미디어 코먼스), 백제 석촌동 고분(국가유산청) | 48쪽 경주 나정(국가유산청) | 50쪽 수로왕릉(국가유산청) | 54쪽 칠지도(국립중앙박물관) | 56쪽 광개토대왕릉비(위키미디어 코먼스), 호우총 청동 그릇(국립중앙박물관) | 58쪽 충주 고구려비(국가유산청) | 60쪽 북한산 진흥왕 순수비(국립중앙박물관) | 62쪽 덩이쇠(국립김해박물관) | 63쪽 판갑옷·투구(국립김해박물관)

3단원
76쪽 무용총 수렵도(게티이미지) | 78쪽 공주수산리고분군·천마도(국가유산청) | 79쪽 금관총 금관 및 금제 관식·금관총 금제 허리띠(국가유산청), 무령왕릉 철 오수전(국립공주박물관), 무령왕릉 청동 거울(국가유산청) | 80쪽 연가 7년명 여래 입상(국립중앙박물관), 서산 용현리 마애 여래 삼존상·익산 미륵사지 석탑(국가유산청) | 82쪽 경주 분황사 모전 석탑(국가유산청), 황룡사 9층 목탑 복원도(위키미디어 코먼스) | 84쪽 첨성대·백제 금동대향로(국가유산청) | 86쪽 경주남분 유리병 및 잔(국가유산청) | 87쪽 금동 미륵보살 반가사유상(국가유산청)

4단원
96쪽 을지문덕 흉상(전쟁기념관) | 98쪽 무열왕릉(국가유산청) | 100쪽 계백 장군 동상(오키포이 님 블로그) | 102쪽 평양성 보통문(위키미디어 코먼스) | 104쪽 경주 문무대왕릉(국가유산청) | 106쪽 감은사지(국가유산청) | 112쪽 경주 동궁과 월지(한국민족문화대백과사전), 경주 월지 금동초심지가위(국가유산청) | 113쪽 주령구 복제품(국립민속박물관) | 114쪽 견고려사 목간 복제품(김상우 님) | 115쪽 고구려 연꽃무늬 수막새·발해 막새기와(국립중앙박물관) | 116쪽 불국사·석굴암(국가유산청) | 117쪽 경주 불국사 다보탑·불국사 삼층 석탑(국가유산청) | 118쪽 발해 석등·이불병좌상(게티이미지, 소장처_국립중앙박물관)

 메모

최소한의 초등한국사 1권

초판 1쇄 인쇄 2025년 12월 8일
초판 1쇄 발행 2025년 12월 22일

지은이   김상우
펴낸이   하인숙

기획총괄   김현종
책임편집   이정아
마케팅   김미숙
그림   콩희
디자인   **표지** 김지현   **본문** 정현옥

펴낸곳   더블북
출판등록   2009년 4월 13일 제2022-000052호
주소   서울시 양천구 목동서로 77 현대월드타워 1713호
전화   02-2061-0765 **팩스** 02-2061-0766
블로그   https://blog.naver.com/doublebook
인스타그램 @doublebook_pub
페이스북   www.facebook.com/doublebook1
이메일   doublebook@naver.com

© 김상우, 2025
ISBN 979-11-93153-62-8 (64910)
ISBN 979-11-93153-61-1 (세트)